KB161374

팀장으로
산다는 건

팀장으로
산다는 건

초판 1쇄 인쇄 2021년 4월 21일
초판 8쇄 발행 2024년 5월 9일

지은이 김진영
펴낸이 최익성
편집 김선영
마케팅 임동건, 안보라
경영지원 이순미, 임정혁
펴낸곳 플랜비디자인
디자인 빅웨이브

출판등록 제 2016-000001호
주소 경기 화성시 동탄첨단산업 1로 27 동탄IX타워 A동 3210호
전화 031-8050-0508
팩스 02-2179-8994
이메일 planbdesigncompany@gmail.com

ISBN 979-11-89580-84-1

팀장에 의한, 팀장을 위한, 진짜 대한민국 팀장의 책

팀장으로 산다는 건

김진영 **팀장** 지음

 플랜비디자인

나의 첫 번째 팀장님,
고(故) 이남준 사장님 영전에 이 책을 올려 드립니다.

일 좀 한다는 소리가 들려옵니다. 실적과 연차도 제법 쌓였습니다. 업무가 손에 잡혀 모든 게 꽤 익숙합니다. 그러다 '팀장'이란 직책이 덜컥 주어집니다. 아직 거기까지는 생각 안 해봤는데.

팀장이 된 첫날부터 새로운 고민에 빠졌습니다. 며칠 전만 해도 친하게 지내던 후배와 동료들이 나를 멀리하는 것 같습니다. 임원 호출이 잦아집니다. "요즘 너 왜 이러냐?"며 화를 냅니다. '아니, 나더러 어쩌라고?' 팀장이 되고 나자, 뭘 어떻게 해야 할지 잘 모르겠습니다.

조직에서 팀장은 경영진과 실무진을 연결하는 '허리'입니다. 팀장의 나이대를 살펴보면, 1960년대 베이비부머와 2000년대 밀레니얼 세대 사이에 딱 끼어 있습니다. 어르신들의 경험을 존중하면서 권위를 실어드려야 하고, 이제 막 일을 배우는 젊은 친구들을 가르치면서 잘 어울려야 합니다. 달라도 너무 다른 위층과 아래층을 오가며 성과도 계속 만들어 내야 하니, 팀장의 속은 까맣게 타들어 갑니다. 몸에서 사리가 몇 개는 나올 것 같습니다.

작년 우연히 네이버 카페 '팀장클럽'을 만났습니다. 비슷한 문제로 고민 중인 팀장님들이 많다는 걸 알게 돼서 혼자가 아니란 생각이 들었습니다. 저의 경험담을 올리고, 나름의 방법으로 풀어봤습니다. 가끔은 에세이처럼, 때로는 조언처럼 올렸습니다. 그렇게 30주에 걸쳐 쓰고, 팀장님들의 호응을 받은 글을 모은 것이 바로 이 책 〈팀장으로 산다는 건〉입니다.

〈팀장으로 산다는 건〉에는 현장에서 길어 올린 진짜 이야기들이 가득 담겨 있습니다. 당위적인 얘기, 교과서 같은 얘기를 빼고, 팀장이 사무실에서 겪을 만한 성공과 실패담을 있는 그대로 오롯이 담았습니다.

이 책은 거칠지만 생생합니다. 생생하고 재밌습니다. 재미있고 쓸모도 있습니다. 이제부터 진짜 대한민국 팀장의 진짜 이야기를 하겠습니다. 초보 팀장부터 인생의 후반전을 돌고 있는 선임 팀장까지, 많은 직장인이 이 책을 보면서 팀장의 삶에 공감하고 위로와 인사이트를 얻으신다면 제게는 그만한 보람이 없겠습니다.

책이 나오기까지 많은 도움을 받았습니다. 우선 초고를 다듬어 보석으로 만들어 주신 인터비즈 박은애 기자님, 출간 지원을 아낌없이 해주신 한국일보 윤현종 기자님, 그리고 좋은 제안으로 파트너십을 맺어주신 플랜비디자인 최익성 대표님께 감사의 말씀 올립니다. 책이 나오기까지 주말 시간을 허락해주며 성원해준 가족에게도 고마움을 표합니다. 끝으로 제 글에 공감과 응원을 보내주신 팀장님들의 댓글을 마음속 깊이 간직하겠습니다.

오늘도 분투하고 계신 팀장님들의 건승과 건강을 기원합니다.

2021. 4
팀장 김진영

005   프롤로그

PART 1
처음 팀장이 된다는 건

012   두통의 시작

　　　　깨달음으로 이끄는 질문 1. 팀장이 되면 가장 먼저 할 일이 뭘까요?

019   열심히 하면 팀장이 되는 줄 알았다

　　　　깨달음으로 이끄는 질문 2. 바람직한 리더십을 배울 방법에는 어떤 것이 있을까요?

024   리더가 될 사람은 따로 있다

　　　　깨달음으로 이끄는 질문 3. 사내에 본받을 만한 리더가 없는데, 어떡해야 할까요?

PART 2
팀장으로 일한다는 건

1 '사람'이 시작과 끝이다

033   실력 있다고 뽑아 놨더니

　　　　깨달음으로 이끄는 질문 4. 좋은 직원을 뽑는 면접 팁이 있을까요?

038   문제 팀원, 사람 만들기

　　　　깨달음으로 이끄는 질문 5. 자존심이 센 팀원을 다루는 좋은 방법이 있을까요?

043   팀원이 사표를 냈다

　　　　깨달음으로 이끄는 질문 6. 입사 후 조기 퇴사를 줄일 방법이 있을까요?

049   우리 모두 프로가 됩시다

　　　　깨달음으로 이끄는 질문 7. 프로로 사는 사람은 평범한 직원과 뭐가 다를까요?

055   귀찮은 연례행사가 돼 버린 인사평가

　　　　깨달음으로 이끄는 질문 8. 낮은 평가점수로 불만 많은 팀원과 어떻게 대화하면 될까요?

2 '업무'는 다 함께 한다

063 카리스마 없는 리더가 더 낫다
  깨달음으로 이끄는 질문 9. 부드러운 리더십을 지향하라지만 말처럼 쉽지 않던데요?

069 대화는 했지만, 통(通)한 건 아닐지도
  깨달음으로 이끄는 질문 10. 임원 보고 시, 승인받기 위해 어떤 준비를 해야 할까요?

078 회의가 회의(懷疑)스러운 이유
  깨달음으로 이끄는 질문 11. 회의 결정 사항이 잘 실행되도록 하는 방법이 있나요?

088 내부의 적이 더 무섭다
  깨달음으로 이끄는 질문 12. 저를 부정적인 사람이라고 합니다. 어쩌다 이렇게 됐을까요?

097 신박한 아이디어 창출법
  깨달음으로 이끄는 질문 13. 논의 과정에서 상급자 입김을 줄일 방법은 없을까요?

103 똑똑한 팀장도 이상한 결정을 한다
  깨달음으로 이끄는 질문 14. 의사결정은 데이터 기반? 직관? 어떻게 해야 할까요?

108 리더는 일이 아닌 구조를 관리한다
  깨달음으로 이끄는 질문 15. 일하는 구조가 잘못됐다는 것은 어떻게 알 수 있나요?

3 '성과'로 결론을 맺는다

117 목표 달성을 위한 현실 대안
  깨달음으로 이끄는 질문 16. 업무시간을 알차게 보내는 방법이 있을까요?

124 철학이 있는 성과관리
  깨달음으로 이끄는 질문 17. 팀원의 동기는 '부여'가 가능한가요?

134 실적이 좋을 때, 진짜 해야 할 일
  깨달음으로 이끄는 질문 18. 어쩔 수 없이 직원을 내보내야 합니다. 누구를 선택해야 할까요?

139 비대면 시대가 요구하는 새로운 리더십
  깨달음으로 이끄는 질문 19. 비대면 업무 환경의 장기 영향은 뭘까요?

150 인사이트를 주는 영화 4선
  깨달음으로 이끄는 질문 20. 벤치마킹으로 인사이트를 얻을 수 있나요?

PART 3

팀장을 살아낸다는 건

164 외로움이 내게로 왔다

  깨달음으로 이끄는 질문 21. 스트레스를 빠르게 낮추는 좋은 방법이 있을까요?

170 이제 나보고 꼰대라 한다

  깨달음으로 이끄는 질문 22. 팀원들이 의견을 거의 내지 않습니다. 개선할 방법이 있을까요?

178 또라이 상사는 내 운명

  깨달음으로 이끄는 질문 23. 사내정치 신경 안 쓰고, 일만 하고 싶은데요?

187 때론 '잠시 멈춤'이 필요하다

  깨달음으로 이끄는 질문 24. 휴가를 다녀오면 더 피곤합니다. 어쩌죠?

194 임원승진이 당신의 목표인가요?

  깨달음으로 이끄는 질문 25. 회사에 들어왔는데, 임원은 해보고 퇴직해야 하지 않나요?

201 회사에서 '존'경받으며 '버'티는 방법

  깨달음으로 이끄는 질문 26. 팀장에게 바람직한 학습법은 무엇일까요?

209 명함을 꺼내 회사를 지워 보세요

  깨달음으로 이끄는 질문 27. 당신은 어떤 일을 하는 분입니까?

220 위로가 되는 영화 4선

  깨달음으로 이끄는 질문 28. 인간관계 스트레스가 많은데, 혼자 일만 하면 나아질까요?

228 에필로그

PART 1

처음 팀장이
된다는 건

CHAPTER 1

두통의 시작

　처음 팀장이 된 것은 2002년이었습니다. 보안 솔루션 개발회사의 마케팅 팀장이었죠. 팀원은 한 명뿐이었습니다. 창업 후 초창기라 제품 개발과 투자에 집중했었고, 본격적으로 마케팅과 영업을 시작하는 때에 제가 입사한 거죠. 체계가 없던 상황이라 출근 첫날 '회의록' 양식을 만든 것이 첫 업무였습니다. 나중에 들은 얘기로 제가 예전에 작성했던 문서들이 마음에 들어 대표님이 채용했다고 하더라고요.

　입사 직후 얼마 간은 팀장이란 자리에 대해 깊이 생각할 겨를이 없었습니다. 직접 처리해야 할 일이 산더미처럼 많았기 때문입니다. 밑에 있던 직원은 통·번역 담당이라 정식 팀원은 아니었습니다. 대표가 지시하는 업무 대부분은 제 몫이었죠. 팀장이지만 따지고 보면 이전 회사에서 팀장의 지휘하에 일하던 것과 별반 다르지 않았습니다.

초보 팀장의 이상한 면접

팀원을 뽑게 되면서 본격적으로 팀장 자리에 대해 고민하기 시작했습니다. 몇 개월 동안 고군분투하며 회사소개서, 영업제안서, 제품/기술설명서, 투자제안서 등 기본적인 영업 베이스를 만들어 놓고 채용 공고를 냈습니다. 팀장이 어떤 자리고, 무슨 일을 해야 한다는 사전 학습이 없던 저는 면접 전날에야 서점에서 관련 책을 찾아봤습니다. 눈에 띄는 건 마이크로소프트에서 한다는 면접 질문 리스트였습니다. 질문들을 곱씹으며 무얼 물을지 적어 뒀습니다.

"서울 시내에 맨홀이 몇 개 있을까요?"

면접 자리에서 야심 차게 이 질문을 던졌습니다. 답을 찾아가는 논리를 보는 질문이긴 했는데, 지금 생각하면 창피함에 머리끝까지 빨개지는 것 같습니다. 저 역시 그 질문을 정확히 이해하고 던진 것 같지 않습니다. 어떻게 끝났는지 모를 어색한 면접이 끝나고 다행히 두 명의 팀원을 뽑을 수 있었습니다. 당시 제가 어렸기 때문에 한 명은 동갑, 한 명은 한 살 위였습니다.

하늘이 노래지는 팀원들의 동반 사표

팀원 두 명이 출근했던 첫날의 기억이 생생합니다. 회사소개를 하고 업무를 시작하려던 계획은 갑작스러운 대표의 호출로 어그러졌습니다. 간단히 인사만 나눴죠. 바로 지방 미팅을 하러 가는 바람에 며칠을 자리를 비우고, 업무가 바빠 팀원들과 제대로 얼굴을 마주할 짬이 나질 않았습니다. 결국 회사소개는 팀원들이 출근한 지 2주가 지나서야 가능했습니다.

그 후에도 사정은 달라지지 않았습니다. 뭔가 교육을 할까 하면 대표가 부르고, 고객사가 부르고, 다른 팀장이 부르고. 하루에 미팅이 여덟 개까지 있었던 시절이었습니다. 바빴지만 성과가 있었기에 저는 만족하고 있었는데, 당시 팀원들은 의기소침했던 모양입니다. 그러던 중 일이 터졌습니다.

홍보팀장이 회사 홍보 자료를 작성해달라고 요청해와 팀원에게 그 업무를 맡겼습니다. 마감 당일 보니 품질이 문제가 됐습니다. 홍보팀장이 뭐라고 해대는 통에 자존심이 확 상해버렸습니다. "미안합니다" 한 마디만 하고 자리로 와서 제가 다시 작성했습니다. 화가 나는 건 전데 옆에서 팀원이 억울하게 질책을 받았다며 속상해하는 게 보였습니다. 제대로 된 설명도 못 들은 상태에서 본인은 최선을 다했다는 거였습니다.

감정이 격해진 나머지 "진짜 속상한 사람은 접니다!"라는 가시 돋친 말을 내뱉고 말았습니다. 팀원은 울면서 나갔고, 깜짝 놀란 다른 팀원이 들어와 그간의 상황을 설명해줬습니다. 제가 대표와 외부로 돌고 있던 사이 타부서에서 두 팀원에게 업무요청을 많이 해왔다고 했습니다. 입사해서 상세한 교육도 받지 못한 상태라 업무처리가 쉽진 않았겠죠. 팀장은 팀장대로 바빠 업무를 봐 줄 여유가 없었고요. 그동안 쌓인 스트레스가 홍보 건으로 터진 거였습니다.

알겠다 하고 나오는데 갑자기 머리가 터질 것 같더군요. 출장의 노독까지 겹쳐 이러면 안 되겠다 싶어 반차를 냈습니다. 집에 도착할 즈음 인사팀장의 전화가 왔습니다.

"김 팀장님, 쉬시는 데 죄송한데요. A 대리하고, B 대리가 방금 사직원을 제출했습니다. 아직 대표님께는 보고 안 드렸습니다."

"네... 내일 출근하면 얘기해보겠습니다. 우선 붙잡아야죠. 그때까지는 보고 말아주세요."

하늘이 노랄 수도 있다는 걸, 그때 처음 알았습니다.

관리자에게 필요한 세 가지 능력

'나는 열심히 일했는데, 어디서부터 잘못된 것일까?' 머릿속은 풀 수 없는 매듭이 가득 찬 것 같았습니다. 답답한 마음에 전 직장 상사분께 전화를 드리려다 면목이 없어 차마 그럴 수 없었습니다. 한참 걷다가 서점으로 향했습니다. 팀장의 할 일에 대해 말해주는 책이 있을까 해서요. 불행히도 딱 맞는 책이 눈에 들어오지 않았습니다. 당시만 해도 '팀장'을 타겟으로 한 책이 거의 없었습니다. 계속 인사 관련 서적이 있는 코너만 맴돌았습니다. 그러다 뽑아 든 '조직행동론'이란 대학 교재에서 제 두통의 원인을 알게 되었습니다.

책에서는 관리자를 실무(일선), 중간, 최고 층으로 구분했는데, 이를 실무자, 팀장, 임원으로 치환해서 이해해도 될 것 같았습니다.

관리자에게 요구되는 세 가지 능력, 로버트 카츠

"Technical Skill^{업무 능력}은 해당 업무를 수행할 수 있는 실무 지식과 직무 능력을, Human Skill^{대인 능력}은 동기 유발, 관계 유지, 갈등 해결 능력 등을, Conceptual Skill^{개념화 능력}은 현상을 보고 본질을 파악하여 의미를 부여하며 구조화하여 의사결정을 하는 능력을 말한다."

'아... 나는 실무자였을 때와는 완전히 다른 능력을 요구받고 있었어. 팀원이었을 때는 그냥 내 일만 잘 하면 됐었고, 어차피 결정은 팀장이 할 테니까. 대인 관계라고 해봐야, 팀장과 같은 팀 팀원들이 대부분이었잖아. 근데 지금은 아니지. 폭발적으로 확대된 거야. 대표와 유관부서 사람을 상대해야 하고, 팀원도 챙겨야 하는데, 실무는 많고, 때때로 중요한 의사결정까지 해야 할 판국이니... 두통약도 소용이 없었던 거지.'

팀장으로 진짜 시작하기

다음 날, 팀원들과 면담에서 그들의 말을 먼저 들었고, 진심으로 사과했습니다. 한없이 바빴던 제 상황에 관해서도 양해를 구했습니다. 그리고 사표 제출은 3개월 후로 미뤄 달라 부탁했습니다. 그동안 제가 변함없다면 그때 다시 내라고요. 바로 대표와 면담도 했습니다. 팀 실정을 설명하고 일주일에 적어도 반나절은 팀원 교육 시간으로 할애하기로 약속받았습니다. 홍보팀장, 개발팀장, 인사팀장에게 협조를 구했습니다. 팀원들의 실력이 올라올 때까지 도와달라고 하고, 업무협조는 저에게 직접 해달라고 했습니다.

팀원들을 위한 몇 번의 미팅을 마치고 나니 이제야 '진짜 팀장'이 된 것 같았습니다. '내'가 중심이 아니라 '팀원'이 중심인 팀장의 모습이었습니다. 퇴근길에 팀원들에게 한잔하자고 문자를 보냈습니다. 다행히 두 사람 모두 시간을 내주었습니다. 모처럼 좋은 분위기에서 맥주가 달달하다는 걸 느낀 하루였습니다. 나중에 팀원들과는 사석에선 친구처럼 지내게 됐습니다.

안타깝지만 많은 회사가 준비할 기회를 주지 않고 팀장을 임명합니다. 직장인 커뮤니티를 살피면 팀장이 됐는데 뭘 해야 할지 모르겠다는 고민이 자주 올라옵니다. 회사는 팀장이란 직책은 주지만 리더십까지 주진 않습니다. 팀장이 된 본인의 상황인식과 특별한 노력이 필요합니다.

리더십을 갖는 것은 그 자리에 필요한 능력에 대해 명확하게 인식하는 것이 필수적입니다. 팀장은 팀원이 성과를 만들도록 환경을 만들고 독려하는 자리이며, 이를 위해 대인 능력, 개념화 능력이 팀원 위치 때와는 구별될 만큼 요구됩니다.

바로 이 점이 처음 팀장이 된 분들이 맞는 첫 번째 도전입니다. 또한 이미 팀장인 분들도 현재 자신의 리더십을 돌아보는 좋은 잣대가 될 수 있습니다.

깨달음으로 이끄는 질문 **팀장이 되면 가장 먼저 할 일이 뭘까요?**

정신 없는 상태로 팀장 자리에 임명되는 경우가 많습니다. 충분한 준비 시간이 주어진 경우는 흔치 않지요. 갑작스러운 팀장의 부재로 대체된 상황이나 경력직으로 입사한 경우라면 더욱더 그렇겠습니다. 그런 와중에도 반드시 먼저 챙겨야 할 것이 하나 있습니다.

'위아래와 기대 수준을 맞추는 것'입니다. 팀장으로 임명을 받았을 때는 분명 이유가 있을 겁니다. 그것을 임명권자에게 물어야 합니다. 또한, 해당 팀과 본인을 향한 기대사항을 확인해야 합니다. 아울러 신임 팀장이 어떤 역할을 해줬으면 하는지를 팀원에게 들어봅니다. 이 과정을 통해 팀 내 현황, 애로사항, 건의 내용 등을 알 수 있습니다. 팀장으로서 본인의 생각을 전하는 것도 필요합니다. 이는 같은 곳을 바라보며 열을 맞춰 서는 것과 같습니다. 이처럼 상사와 공감대를 형성하고, 팀원들과 같은 향해 뛰어갈 준비를 하는 것이 신임 팀장의 첫 번째 미션입니다.

CHAPTER 2

열심히 하면
팀장이 되는 줄 알았다

팀장은 원래 한국에선 존재하지 않던 직책이었습니다. 부서 체계가 팀 체제로 전환되면서 새로 생긴 것이죠. 저는 20세기의 끝자락인 1998년에 제조회사 해외영업팀에서 직장생활을 시작했습니다. 조직 명칭은 분명 〈팀〉이었지만, 조직의 장은 팀장이 아닌 '부장'이라 불렸습니다. 과거 '부' 개념이 남아 있어서가 아니었나 생각됩니다.

과거의 부서 제도

'부' 단위 조직은 부장을 꼭짓점으로 피라미드 구조로 이뤄져 있었습니다. 차장이 부장을 보좌(또는 대리)하며, 부 밑에는 실제 몇 개의 〈과〉가 있고, 과 밑에는 〈계〉가 있었지요. 지금과는 다른 모습이었습니다. 공공조직을 제외하고는 민간 기업에선 이런 구조의 조직이 이제 거의 남아 있지 않습니다.

과거 피라미드 조직 구조에서 '부장'과 '과장'은 도장 찍는 일이 대부분인 사람이었습니다. 실무는 거의 하지 않고, 아랫사람들을 관리하는 역할만 수행했죠. 그들이 가진 승인 권한 때문에 권력이 생기고, 주종 관계가 형성됐습니다. 1990년대만 하더라도 사무실에선 '사원-주임-대리-과장-차장-부장'의 순서대로 책상이 배열됐습니다. 윗사람이 아랫사람을 볼 수 있는, 철저한 상하 관계를 나타내는 모습이었습니다.

이런 상하관계 구조가 꼭 나쁜 것만은 아니었습니다. 신입사원이 들어오면 '사수-부사수'로 맺어져 일대일로 업무를 가르쳐줬습니다. 일종의 도제 제도인데, 요즘 '멘토-멘티' 이상의 끈끈한 관계였지요. 지금 팀원 교육은 팀장의 몫이 됐는데, 현실에서는 시간이 부족해서 어려움이 많습니다. 참 아쉬운 부분입니다.

조직 효율화를 꾀하는 '팀 제도'

팀제는 IMF 구제금융 이후 조직 효율화라는 이유로 널리 보편화됐습니다. 예전처럼 놀고먹는 부서장은 별로 없습니다. 일의 강도는 점점 세지고 있고, 직원들 간의 의기투합은 이전만 못한 느낌입니다.

그간 경험했던 조직들을 기반으로 부서 조직과 팀 조직을 비교해 살펴보겠습니다. 일반적인 부서 조직도는 부서장 아래 두 개의 과가 있고, 과별로 대리, 주임, 사원이 한 명씩 있는 모습일 겁니다. 부장 바로 아래에는 별도로 차장이 있고요. '팀장-팀원'으로 이뤄진 팀 조직으로 바뀌면서 차장의 자리가 사실상 사라졌습니다. 기존에 차장들이 맡았던 중간관리자 업무는 팀장에게 이관됐습니다. 두 개의 과가 합쳐지다 보니 중복되는 일을 맡고 있던 주임은 한 명이 줄어들었습니다. '효율화'라는 명분이요. 무임승차 자들을 제거하는 데는 이러한 변화가 분명 효과가 있었을 겁니다.

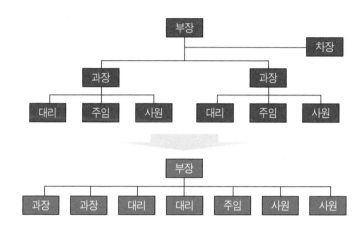

'長' 역할이 달라지다

부서 조직에선 새로 부서장을 선발할 때 크게 고민하지 않았습니다. 아래 차장들 중에서 선발하면 되니까요. 부서 조직 같은 피라미드 조직에선 정보가 주로 상층으로 흐르고, 중요도에 따라 업무가 직급별로 배분되었기 때문에 웬만한 차장들은 부장이 될 기본 소양은 갖고 있다고 보는 게 당연했습니다. 실제 일하는 직원들을 직접적으로 관장하는 것도 이들 과·차장급이었습니다. 부서장(부장)은 통상 업무 총괄과 대외 업무에 치중했으니까요.

당연했던 게 팀 조직에선 '이슈'로 부각됩니다. 조직장의 역할이 달라졌기 때문입니다. 팀장은 팀을 전반적으로 관리하는 것을 물론, 과거 과·차장처럼 팀원을 챙기는 역할까지 담당해야 합니다. 과거의 부장 역할에 과차장 역할까지 더해진 셈입니다. 거기에 실무까지 떠안는 경우가 허다합니다. 이 같은 역할 변화는 중간관리자에 '적합한 사람'이 누군가에 대한 정의까지 달라지게 만들었습니다.

저는 20대 후반에 처음으로 팀장을 맡았습니다. 당연히 '팀장은 어때야 한다' 배운 적이 없었습니다. 첫 직장처럼 부서장의 따뜻한 손길(?)도 느낄 수 없었죠. 좌충우돌했습니다. 팀원들과 갈등을 빚으며 때때로 울리기도 했습니다. 미안한 마음에 퇴근 후 술을 진탕 마시며 화해하곤 했습니다. 결국 당시의 저는 팀원을 제대로 상대하는 데 서투른 초보 팀장이었습니다. 팀장이 되고 나서야 팀장으로서 어떤 역할을 해야 하는지 진지하게 고민하게 됐습니다.

초보 팀장, 길을 묻다

일반적으로 일 잘하는 사람을 팀장 후보에 올리기 마련입니다. 일을 잘한다고 해서 팀장 역할을 잘하는 게 아닌데도 말입니다. 많이 아는 사람이 꼭 잘 가르치는 건 아니고 명강사들이 반드시 최고 수준의 지식을 보유하지 않은 것처럼 말이죠.

팀장은 일하는 사람이 아니라 사람을 관리하는 사람입니다. 이 역할에 어울리는 역량을 보유한 사람이 선택돼야 합니다. 그런데 많은 조직에서 '일을 잘해서', '나이가 많아서', '성과가 높아서'라는 이유로 팀장을 선임하는 오류를 범합니다. 이런 경우 경험상 안착할 확률이 50% 미만이

더군요. 팀장 선임 권한은 임원급에 있는데 현재 임원들은 과거 부서 제도에 익숙한 사람들입니다. 팀장 선출 문제의 원인이 구조적이라 볼 만한 이유입니다.

깨달음으로 이끄는 질문 **바람직한 리더십을 배울 방법에는 어떤 것이 있을까요?**

다양한 상황, 다양한 팀원들로 어려움을 겪는 초보 팀장님들의 질문을 받아보곤 합니다. 이럴 때 저는 이렇게 묻습니다. 직장에서 한 조직을 맡기 전에 다른 집단에서 리더 역할을 맡아보신 경험이 있는지 말이죠.

'리더십'은 후천적으로 학습되어 향상될 수 있다고 합니다. 다만, 책을 보고 연구하면 쌓이는 지식과는 달리, 경험을 직접 해봐야 학습이 되는 소프트 스킬(Soft skill)임을 알아야 합니다. 따라서 학습(경험)이 부족한 상태에서 팀장 생활을 시작하는 것은 피할 수 없는 현실이죠. 이런 경우에는 '사례 학습'으로 접근하시면 좋겠다고 생각합니다. 전임 팀장, 직속 상사, 유관 부서 팀장에게 관련한 경험을 들어보면 좋겠습니다. 아울러 사례가 많이 실린 리더십 서적이 도움이 될 것입니다. 팀장들이 모인 네이버 카페 '팀장클럽'에 고민을 올려보실 것도 추천합니다.

CHAPTER 3

리더가 될 사람은 따로 있다

영업 팀원 A는 성실한 직원이었습니다. 부지런히 거래처를 돌아다니고, 꼼꼼한 업무처리로 칭찬이 자자했죠. 그렇게 10년 정도 경력을 쌓았고, 영업 2팀에서 가장 선임이 되었습니다. 올해 높은 영업실적을 달성했고요. 그러다 갑자기 팀장 공석이 발생했습니다. 대표를 위시한 경영진 회의에서 인사팀장은 A를 팀장 후보로 추천했습니다. 그 누구도 반대 의견이 없었지요. A는 팀장으로 '승진'했습니다. 당연한 처사처럼 보였습니다.

모두 A의 순조로운 출발을 예상했습니다. 영업맨으로 뛰어난 성과를 보여줬고, 팀원과도 원만한 관계를 맺어왔기 때문입니다. 하지만 팀장이 되자마자 불만의 목소리가 팀원들 사이에서부터 나오기 시작했습니다. 세부적으로 일 하나하나 간섭하는 이른바 '마이크로 매니징'을 했기 때문입니다. 팀원들은 알아서 할 일까지 참견하는 팀장이 싫었고, 팀장은 성심껏 도와주려는 자기 마음을 몰라준다고 속상했습니다. 이런 일이 거듭되자, 회의에서 의견을 말하는 팀원이 거의 없어 팀장의 일방적인 연설회처럼 되는 지경까지 이르렀습니다.

팀 외부에서도 문제가 발생했습니다. 팀장이 됐다는 것은 공식적인 보고 라인에 포함됐다는 것을 의미하죠. 보고는 시의적절해야 하는데, 팀원을 신경 쓰다 보니 때늦은 보고로 상사인 이사에게 여러 차례 지적을 받았습니다. 보고서에도 부족한 점이 많았습니다. 팀원일 땐 단순 현장 위주로 보고하면 됐지만, 팀장의 보고서는 향후 대책까지 담아야 하는데 그러지 못했죠.

얼마 전에는 내년 사업계획을 짜면서 영업 1팀장과 언쟁이 있었습니다. 영업 1팀장 왈, '작년 목표 배분에서 본인 팀이 희생했으니 내년 목표는 2팀에서 양보하라'는 것이었습니다. 전임 팀장에게 인계받은 사항이었지만 A팀장은 너무 과도하다는 생각이 들었습니다. 나이 어린 자기를 깔보는 것 같아 회의에서 소리를 높이게 되었고, 양 팀장 모두 감정이 상하고 말았습니다.

'성과 높은 사람이 승진해서 리더가 되는 건 당연한 것 같은데, 왜 이런 일이 일어난 걸까요?'

일 잘하는 팀원이 유능한 팀장이 되지 못하는 이유

앞선 '두통이 시작됐다' 편에서 로버트 카츠의 '관리자에게 요구되는 세

가지 스킬'에 대해 살펴본 바 있습니다. 하위직일 경우 실무적 능력이 중요하고, 고위직일수록 대인관계 능력과 의사결정에 필요한 개념화 능력이 필요하다는 게 골자입니다.

A 팀장은 분명 실무 능력은 출중하다고 할 수 있겠습니다. 다만, 대인관계 능력과 개념화 능력은 모자란 상태였던 것이죠. 회사는 왜 이런 점을 고려하지 못했을까요?

첫째, 승진을 고성과자에게 주는 보상으로 생각하기 때문입니다. 일 잘하는 사람을 승진시키는 것은 상식적으로 들립니다만 고성과 보상은 이미 연봉 인상, 성과금 지급 등으로 다양합니다. 승진을 단순하게 보상의 수단으로 활용하기에는 조직 내 파급력이 상당함을 알고 있어야 합니다.

둘째, 직책 승진과 직위 승진을 동일시합니다. '직책'은 책임을 지는 자리이며, '직위'는 그 사람의 실무적 능력을 나타내는 등급과 같습니다. 팀원이라면 부장이든, 과장이든 모두 팀원이며, 그 팀의 성과에 대한 책임을 지는 사람은 오롯이 팀장입니다. 연차가 오래된 부장이라도 팀원이라면 팀장과 책임의 차이는 클 수밖에 없습니다. 직책 승진과 직위 승진을 구별해야 하는 이유가 바로 이것입니다.

참고로 파트장, 팀장, 본부장 등의 자리는 '직책'이며, 사원-대리-과장-차장-부장은 '직위'입니다. 팀원-매니저-임원-대표 등으로 직제를 단순화한 기업도 있지만, 아직까지 많은 기업들은 예전 연공서열 관행이 남아 있어 팀제와 부서제가 혼용된 형태를 유지하고 있습니다.

셋째, '리더'가 어떤 능력을 갖춰야 하는지 사전에 정의되고, 합의된 기준이 없습니다. 그렇기에 일 잘하는 사람 중에서 골라 리더를 시킵니다. 일 잘하는 팀원은 팀장이 되면 본인의 경험과 지식 위주로 팀원을 관리하려 들고, 이는 팀원과 마찰을 초래할 가능성이 높습니다. 경영진은 리더가 가져야 할 스킬과 행동 양식에 대해 정의해 두고 사내에서 그런 사람이 없을 때는 과감하게 외부 충원까지도 고려해야 합니다.

누가 리더 자리에 적합할까

'퇴사자는 회사가 아니라 상사를 떠나는 것'이란 말이 있습니다. 이는 리더가 얼마나 중요하고 직원에게 막대한 영향을 주는지 단적으로 말해 줍니다. 회사에서도 리더의 중요성을 알고 있기에 '팀장 리더십' '중간관리자 리더십' 등 교육에 적지 않은 돈을 투자하고 있는데, 정작 리더로 적합한 사람

출처 designed by Freepik

이 누구인가에 대한 깊이 있는 고려와 정의는 부족한 게 현실입니다.

팀장, 본부장 등의 자리에 앉힐 리더를 '잘' 뽑는 방법은 뭘까요? 아주 간단한 방법으로는(현재 팀장, 본부장 등이 좋은 리더라는 것을 전제로) 갑자기 해당 리더 자리가 공석이 됐을 때 누굴 앉힐까 생각해보는 겁니다.

아마도 단순히 일 잘하는 사람만을 떠올리지는 않을 겁니다. 대개 조직에서 일 잘하는 사람은 업계 경험이 많고, 회사 근속연수가 긴 사람일 가능성이 높습니다. 하지만 과거의 성공이 미래의 성공을 보장해주지 않는다는 점을 상기해야 합니다. 이런 사람들만 승진할 경우 조직의 연공서열화가 심화할 가능성이 높으며, 새로운 시도를 하기 어려운 딱딱한 조직이 될 수도 있습니다. 지금 팀장이라면 나의 리더십 역량 수준을 뒤돌아보고, 후임자가 누가 될 수 있을지 가늠해보는 계기가 됐으면 좋겠습니다.

깨달음으로 이끄는 질문 **사내에 본받을 만한 리더가 없는데, 어떡해야 할까요?**

팀장이 되면서 리더십에 대한 본격적인 생각과 고민이 시작됩니다. 리더십은 마치 몸에

밴 '습관'과 같은 것이라서 책보다는 실제 좋은 모델을 가까이하는 게 배우기 용이합니다.

하지만 현실은 그렇지 않은 경우가 대부분이라 아쉽지요.

그래도 우리 회사의 '리더'들을 한 번 떠올려 보세요. 혹시 실적을 잘 내기만 해서, 윗사람

입맛을 잘 맞추기만 해서, 혹은 운으로 리더의 자리에 있진 않은지요. 안에서 배울 게 없

다면, 밖에서 찾아봐야 합니다. 도서관에 가서 CEO 중 리더십을 갖춘 사람들을 찾아보세

요. 저는 GE의 잭 웰치를 선택했습니다. 물론 21세기에 맞는 사람은 아니었지만, 그의 배

짱과 고집을 닮고 싶었나 봅니다. 그렇다고 책을 보면서 모든 것을 흡수한 것은 아니었습

니다. '나라면 어땠을까', '우리 회사에선 가능했을까'란 질문을 항시 떠올려가며 비판적으

로 수용하고자 노력했습니다.

PART 2

팀장으로
일한다는 건

'사람'이
시작과 끝이다

CHAPTER 1

실력 있다고 뽑아 놨더니

이 세상 어디에나 문제아는 있습니다. 학교에는 문제 학생, 군대에는 관심사병, 회사에는 문제 팀원이 있죠. 여러 단계의 채용 절차를 거쳐 뽑는 데도 현실이 그렇습니다. 한때 유행했던 'XXX 총량의 법칙'처럼 어디를 가도 이상한 사람은 늘 있게 마련입니다.

네 가지 타입의 팀원

사람들은 다른 직원을 평가할 때 이런 말을 합니다.

'XX는 실력은 있는데 싹수가 노랗다'
'XX는 실력은 없는데 성격은 좋다'

대체로 직장에선 '실력'과 '인성'을 기준으로 사람을 판단하는 것 같습니다. 그래서 사사분면을 그려 팀원 유형을 나눠봤습니다.

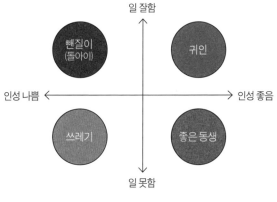

팀원 분류 2X2 매트릭스 ⓒ김진영

1사분면 실력 있고 인성도 좋은 직원. 이런 친구들이 팀에 두 명만 있으면 걱정 없겠죠. 현실은 한 명도 있을까 말까 하지만. 물론 일 잘한다고 소문이 나면 더 나은 곳으로 이직해버릴 위험이 크긴 합니다.

2사분면 실력은 있어 일은 곧잘 하는데 인성(태도)에 문제가 있는 직원. 다른 팀원들 앞에서 팀장에게 대놓고 덤비거나, 팀원들과 자주 불화를 일으키는 유형입니다. 빼질거리기만 하면 그나마 나은데 '돌아이' 짓까지 하면 뚜껑이 열리죠. 1사분면 팀원들이 팀장에게 귀인이라면 여기 속하는 팀원은 '기인'쯤 되겠습니다. 실제 제일 골칫거리인 집단입니다.

3사분면 실력도 없고 인성도 나쁜 직원. 정상적인 조직이라면 오래 버틸 수 없겠죠. '낙하산' 등 채용 비리로 들어왔을 법한 이러한 친구들은 논외로 하겠습니다. 그들은 대개 일이나 조직생활에 큰 의욕이 없습니다.

4사분면 실력은 부족하지만, 인성이 좋은 직원. 이들은 주로 팀장과 회식 자리에서 빛이 납니다. 수심에 찬 팀장을 위로해주는 역할을 맡죠. 친화력을 발휘해 팀원들을 끈끈하게 만들며 팀워크에 일조하기도 합니다.

인성 vs. 실력

예전 직장에서 유통 신사업을 추진한 적이 있습니다. 창고가 필요해 강남 본사를 떠나 서울 서부 외곽에 창고 겸 사무실을 얻었습니다. 배송을 직접 담당할 수 없어 파견 업체를 통해 배송 직원을 소개받았습니다. 그 중 '우○○'라는 직원이 일을 잘했습니다. 배송 업무를 꼼꼼히 잘해서 창고 관리도 맡겨 봤는데 기대 이상으로 훌륭하게 해냈습니다. 놓치기 아까운 친구라 파견 기간이 끝나고 정직원으로 채용해 매입 관리 전체를 맡겼습니다. 이후 대리로 승진하더니 나중엔 전문 MD(구매담당자)까지 성장했습니다. 늘 밝은 얼굴로 사람들을 대하고, 무엇이든 배우려는 자세로 의욕을 보여줘서 저에게도 긍정적인 자극을 줬던 친구였습니다.

기본적으로 사람은 변하지 않는다고 생각합니다. 제 자식도 제 말을 안 듣는데, 삼십 년 넘게 자신의 방식대로 살아온 팀원이 과연 제 말을 들을까요? 회사는 사람을 교화시키는 곳이 아닙니다. 그러니 제대로 된 인성이 더 중요하다고 봅니다. 올바른 인성(태도)을 갖춘 친구들은 당장 실력은 부족해 보여도 금방 위로 올라갈 수 있습니다. 다른 사람의 말을 귀담아듣고 변화하려고 노력할 테니까요. 반면 인성이 안 좋은 사람은 실력도 키울 수 없다고 봅니다. 중급 이상 경력직원이 아니라면 인성에 집중해 채용을 진행해야 하는 이유입니다. 신입사원이라면 더더욱 그렇습니다.

채용 시 인성을 체크하는 팁

현업 상황에서는 실적 내기에 급급하다 보니 실력 있는 팀원을 받길 원하실 겁니다. 성장할 때까지 기다려 줄 시간이 없을지도 모릅니다. 그렇다고 2사분면에 속하는 팀원을 넙죽 받았다가는 문제가 생기기 십상입니다. 팀장-팀원 간뿐만 아니라 팀원 사이에서도 문제가 생길 수 있습니다. 조금도 자신이 손해 보려 하지 않고 자기 일과 남의 일을 구분하며, 모든 공을 본인 것처럼 떠벌리는 팀원이 있다면 어떻게 될까요? 팀워크에 금이 가겠지요. 7~8명 있는 팀 내에서 파벌이 생길 수도 있고 모두가 자기 것만 챙기려 하다 보면 결국엔 아무도 서로를 돕지 않게 될 겁니다.

회사가 명성과 조건을 다 제공하지 않는 이상 실력과 인성을 모두 갖춘 인재를 뽑을 확률은 그리 높지 않습니다. 거듭 말씀드리지만, 인성을 갖춘 사람을 우선해서 선발하시길 권합니다.

끝으로 팀원 채용 시, 인성을 체크할 수 있는 작은 팁을 드리겠습니다. 최종 결정을 앞두고 팀 단위에서 한 번 더 면접을 보는 겁니다. 귀찮고 번거롭지만 몇 년씩 함께 할 사람을 뽑는 일인데 이 정도 공은 들어야 한다고 생각합니다. 딱딱한 사무실이 아니라 식사를 하거나 술자리에서 대화하면서 한 번 더 '필터링' 하시는 게 좋습니다.

벤처 투자를 전문으로 하는 VC(벤처 캐피탈리스트) 한 분과 말씀을 나눈 적이 있습니다. 하루에 적게는 십여 건, 많게는 수십 건의 투자제안서를 검토한다 했습니다. "그걸 다 어떻게 보세요?" "사실, 본다고 할 수 없을 겁니다. 배제할 대상을 골라내는 건데, 제안서 논리를 봐요. VC라도 사업을 바로 이해할 순 없어요. 그래서 앞뒤 맥락이 맞는지를 봅니다. 제안서 하나에 길어도 오 분이 걸리지 않습니다. 이렇게 해서 2/3는 탈락시키고, 나머지 1/3을 재검토하는 식입니다."

면접에도 접목할 부분이 있을 것 같습니다. 응시자 대답 내용의 일관성 여부를 판단하는 것입니다. 요즘 응시자들은 많은 준비를 해옵니다. 그렇기에 면접관은 계속 물어야 합니다. '그 상황에서 어떤 점이 어려웠습니까?' '그런 어려운 점을 어떻게 극복하셨나요?' '동료들과 협업이 중요하다셨는데, 협업을 위해 필요한 사항이 뭐라고 생각하세요?" 상황을 던지고 계속 파들어 갑니다. 그러면 사실 여부를 가릴 수 있고, 사람을 파악하는 데도 큰 도움이 됩니다.

CHAPTER 2

문제 팀원, 사람 만들기

실력과 인성을 두루 갖춘 팀원으로 팀을 꾸리면 좋겠지만 현실은 그렇지 못합니다. 맘에 안 드는 '문제 팀원'들이 득실거리는 경우가 다반사입니다. 이런 상황으로 고군분투 중인 팀장님들께 현실적인 대안을 말씀드리고자 합니다.

바람직한 건 아예 문제 팀원을 안 받는 거겠죠. 이 시점에서 잠시 '인사'에 대해 생각해보겠습니다. 인사에서 가장 중요한 게 무엇이냐고 묻는다면 첫째도 채용, 둘째도 채용, 셋째도 채용이라고 답하겠습니다. 육성, 동기, 성과평가 등도 중요하겠지만 짐 콜린스의 책 '좋은 기업을 넘어 위대한 기업으로Good to Great'에 나온 비유처럼 아름다운 노래를 듣길 원한다면 카나리아를 사야 합니다. 돼지를 사서 연습시키느라 고생하지 말고 말이죠.

조련하는 사람도, 돼지도 서로 힘든 일입니다.

본격적으로 이야기를 시작하기에 앞서 팀장님들 회사의 인사기능은 제대로 작동하고 있는지 여쭙고 싶습니다.

문제 팀원은 바뀔 수 있을까

반복해 말씀드립니다만, 완벽한 팀원은 만나기 어렵습니다. 그렇다면 어떻게든 문제 팀원을 계도해 팀의 일원으로서 제 역할을 하도록 해야겠죠. 거칠게 말하면 '갱생'해야 한다는 것인데, 고쳐 쓴다는 게 참 쉽지 않습니다. 사전의 정의는 아래와 같습니다.

> 갱생, 更生
>
> 거의 죽을 지경에서 다시 살아나는 것. 갱소(更蘇).
>
> 생활 태도나 정신이 본디의 바람직한 상태로 되돌아가는 것.
>
> 못 쓰게 된 물건이나 소용없는 물건을 손질하여 다시 쓸 수 있도록 하는 것.
>
> 출처. 구글

정의로만 보면 거의 '인간개조' 수준입니다. 쉽지 않은 일이죠. 그래도 시도해야 합니다. 그게 팀장의 숙명(?)이니까요. 앞서 4사분면을 통해 살펴본 문제 팀원의 유형별 갱생법을 살펴보겠습니다.

ⓐ 좋은 동생 → 귀인

좋은 동생은 정이 넘치는 팀원이죠. 팀장이 홀로 고민에 빠져 있을 때 옆에 와서 힘이 되어주는 이들입니다. 실력은 조금 떨어지지만, 팀원들과 좋

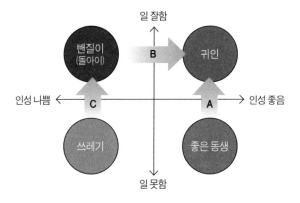

팀원 분류 2X2 매트릭스 ⓒ김진영

은 관계를 유지하기 때문에 특별한 문제를 일으키지 않습니다. 체육대회 등 사내행사의 사회를 도맡기도 하는 유형입니다.

인성 좋은 팀원이 좋은 동생으로만 남는 이유는 크게 두 가지입니다. 첫째 승진 같은 사회 성공에 관심이 덜하거나, 둘째 스킬이 부족한 경우입니다. 첫 번째 경우라면 동기를 북돋아 줄 필요가 있습니다. 저는 팀원이 결혼이나 출산 등 대소사를 앞두고 있을 때 앞으로의 인생 계획을 깊이 고민해보라고 조언하곤 합니다. 자신의 커리어를 다시 살펴보고 업무에도 조금 더 욕심을 내도록 말이죠.

스킬이 부족한 팀원은 우선 소프트 스킬이 부족한지 하드 스킬이 부족한지 구별해야 합니다. 선천적 측면이 있는 소프트 스킬(커뮤니케이션, 인내심, 팀워크 등)이 부족한 팀원은 반복적인 업무 구조의 부서로 전환 배치하는 것이 대안이 될 수 있습니다. 직무 지식 등 하드 스킬을 보완해야 하는 팀원은 적절한 자극과 압박을 통해 해당 능력을 키울 수 있도록 이끌어야 합니다.

ⓑ 뺀질이(돌아이)→ 귀인

인성을 바꾸는 것은 매우 어려운 일입니다. 그 팀원의 부모님도 하기 힘든 일이라 봅니다. 일 잘하는 팀원이 아쉬운 팀장은 어떻게든 끌고 가야 합니다. 이럴 때는 팀원의 '이상한 인성'이 밖으로 표출되지 않게 통제하는 게 필요합니다.

예전에 아는 척을 많이 하던 직원이 팀에 있었습니다. 워낙 아는 게 많아서(?) 시도 때도 없이 참견하고 간섭했죠. 팀장인 저에게도 마찬가지였습니다. 자기주장만 앞세우며 한 마디도 안 지고 태클을 걸었습니다. 일은 잘했지만, 그 친구 때문에 회의 분위기가 싸 해지곤 했습니다. 어느 날 팀 회의 때 계속 첨언을 하길래 단호하게 말했습니다.

"그 사안은 황 과장이 정통한 것 같으니 PM을 맡아서 추진해보세요."

참견과 실행은 다른 얘기입니다. 그렇게 몇 번 실행 책임을 맡게 했더니 불필요한 언사가 눈에 띄게 줄었습니다. 뺀질이에서 귀인으로 본질의 변화를 기대하긴 힘든 만큼, 적절히 안고 가는 방법을 찾는 게 필요합니다.

ⓒ 쓰레기→ 뺀질이(돌아이)

팀장이 어쩔 수 있는 대상이 아닙니다. 사고만 치지 않도록 적당히 관리하는 게 신상에 이롭습니다. '갑의 자식'들이라면 심지어 정성껏 모셔야 하는 상황까지 발생할 수 있죠. 이 유형의 친구들은 인사팀과 적절히 협의해 방출할 방안을 모색하는 게 현실적입니다.

될 일에 집중을

사람들은 일반적으로 문제에 집중하는 경향이 있습니다. 팀원 관리도 그렇습니다. 말 안 듣고 문제를 일으키는 팀원에게 먼저 눈길이 갑니다. 일 잘하는 팀원은 그냥 둬도 알아서 잘하니 '믿고' 맡기죠. 틀린 방식은 아니지만 적합한 방식은 아닐 수 있습니다.

팀 성과는 일 잘하는 우수한 팀원들에게서 나옵니다. 문제 팀원 갱생보다는 우수 팀원 육성을 위해 더 많은 시간을 써야 합니다. 또, 팀원 갱생을 위해 노력하되 애써도 바뀌지 않는다면 때로 '회피'를 택하는 게 현명할 수 있습니다. 팀장의 사람 관리는 해결 가능한 부분부터 집중해야 합니다. 팀장은 결코 슈퍼맨이 아닙니다.

깨달음으로 이끄는 질문 **자존심이 센 팀원을 다루는 좋은 방법이 있을까요?**

일은 웬만큼 하는데 자존심이 세서 날카로운 언행을 하거나 팀워크를 이루기 어려운 팀원이 있습니다. 그냥 포기하자니 일할 수 있는 손발이 아쉽습니다. 그렇다고 강하게 푸시하는 것도 잘 안 통하니 팀장의 속은 타 들어 갑니다. 자존심을 조금만 굽혀주면 좋으련만.

이럴 땐 오히려 '자존심'을 활용해보는 쪽으로 생각하는 효과일 수 있습니다. 그런 직원은 다른 사람 앞에서 업무상 지적이나 질책을 당하는 것에 민감할 수 있으니 1:1로 진행하면서 팀장이 배려해준다는 점을 알게 할 필요가 있습니다. 또한 본인의 일에 대해 자부심이 있는 만큼 작은 부분이라도 본인이 책임을 지게 해서 결과까지 내보도록 유도합니다. 적절한 권한위임이 그런 팀원의 동기를 유발하도록 말이죠. 물론 책임감이 있는 경우에 해당합니다. 그렇지 않은 독불장군에겐 백약이 무효하겠죠.

CHAPTER 3

팀원이 사표를 냈다

'백인백색百人百色'이라 했던가요. 직장에 100% 만족하며 지내는 사람은 거의 없습니다. 이름만 대면 알 만한 좋은 회사에 다니는 사람들 역시 그렇습니다. 팀장의 '사람 관리'는 이렇게 모두를 만족시킬 수 없다는 점에서 출발해야 합니다. 그래야 억지와 억측에서 벗어난 대응을 할 수 있습니다.

왜 하필 내 팀원이

"팀장님 드릴 말씀 있습니다." 팀원이 다가와 말을 건넵니다. 보고할 것도 없는데 갑자기 면담 요청이라니. 뭔가 싸합니다. '혹시'가 '역시'로 바뀝니다.

그동안 팀원이 퇴사한다고 할 때마다 원인을 찾아 스스로 질문을 던졌습니다. '회사가 마음에 안 드나?' '동료들과 사이가 좋지 않은가?' '내가 뭘 서운하게 했나?' 등. 왜 하필 '내 팀원'이 그만둔다는 건지, 답을 찾아 '유레카!'를 외치는 순간이 찾아오면 좋으련만, 계속 질문만 꼬리에 꼬리를 뭅니다.

경험상 신입직원 20~30%가량이 입사 후 3년 이내에 퇴사합니다. 면담하고 편하게 얘기하라고 술자리도 갖지만, 예비 퇴사자는 쉽사리 입을 열지 않습니다. 상사인 본부장은 왜 또 나가느냐고 팀장만 닦달하죠. 팀원의 퇴사는 인사팀장의 호출로 이어지고, 마치 취조하듯 질문 세례를 받습니다. 하지만 퇴사 이유는 알 수가 없습니다. 결국 미궁에 빠지고 어느새 잊어버립니다. 대부분 회사에서 대략 이런 방식으로 퇴사 절차가 흘러갑니다. 퇴사자들이 많을수록 퇴사자 처리는 일상처럼 만성화되어 더 이상 주목받지 못 하는 일이 되기도 합니다.

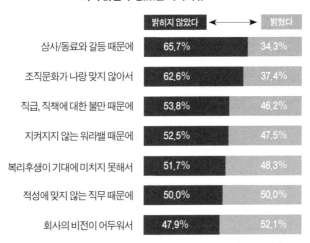

차마 밝힐 수 없었던 퇴사사유 TOP 7

	밝히지 않았다 ← → 밝혔다
상사/동료와 갈등 때문에	65.7% / 34.3%
조직문화가 나랑 맞지 않아서	62.6% / 37.4%
직급, 직책에 대한 불만 때문에	53.8% / 46.2%
지켜지지 않는 워라밸 때문에	52.5% / 47.5%
복리후생이 기대에 미치지 못해서	51.7% / 48.3%
적성에 맞지 않는 직무 때문에	50.0% / 50.0%
회사의 비전이 어두워서	47.9% / 52.1%

출처 잡코리아 & 알바몬, 2020.4

팀장인 나를 위해 퇴사 이유는 꼭 들어야

팀원이 퇴사하겠다고 하면 진짜 이유를 듣는 게 좋습니다. 회사가 아니라 팀장 입장에서 필요한 일입니다. 지금 당장 일손 하나를 잃게 될 판이니까요. 회사 비전 문제나 급여 이슈라면 팀장이 아니라 회사 대표나 인사팀이 신경 써야 할 문제지만, 그 외에 팀장인 내가 해결책을 제시해줄 수도 있습니다.

퇴사자 대부분이 '연봉이 적어서' '회사가 마음에 안 들어서'라는 핑계를 대기 일쑤입니다. 이런 핑계의 포장을 벗겨내고 속에 있는 진심을 읽어야겠지요. 퇴사 이유는 복합적이기 마련입니다. 속마음을 읽을 때 주의해야 할 점은 지극히 개인적인 요소들은 배제해야 한다는 것입니다. 팀장 위치에서 잠시 벗어나 팀원의 입장에 서되 최대한 제3자 입장을 취해야 합니다.

반드시 붙잡아야 할 팀원이라면 여러 번 면담을 진행하며 설득해봅니다. 끝까지 꼭꼭 숨겨두는 경우도 있지만, 서너 번 얘기하다 보면 지쳐서라도 속마음을 털어놓게 돼 있지요. 그간 들어본 진짜 퇴사 이유는 다음과 같습니다. (회사가 감당해야 할 부분은 제외하고 정리했습니다.)

- 팀원들과 잘 지낼 수 없다
- 대학 동기들과 비교했을 때 뒤처지는 느낌이다
- 하는 일이 가치 있게 느껴지지 않는다
- 몇 년 더 있는다고 해서 성장할 것 같지 않다
- 상사와 관계가 좋지 않다
- 일이 적성에 맞지 않고 성과가 나지 않는다

면담 시, 주로 퇴사 후 기회비용을 언급하며 설득하곤 합니다. '이 회사가 이래 보이지만 이러저러한 장점이 있고, 당신이 다른 곳을 간다면 어떤 부분을 놓치게 될 것이다.' 아울러 잦은 이직에 대한 세간의 부정 인식에 대해서도 언급합니다. 설득할 때는 내용뿐만 아니라 '태도'도 중요합니다. 명료하고 분명하게 말해야 합니다. 그래야 설득돼 회사에 남았을 때 동상이몽을 피할 수 있습니다. 아무리 보내기 싫다 해도 비굴해질 필요까진 없다고 봅니다.

예전에 팀에서 가장 신뢰하던 팀원이 갑자기 그만둔다며 바로 사직원 결재를 올린 일이 있었습니다. 본부장님께 꼭 잡겠다고 말씀드리고 나서 둘이 술을 먹었습니다. 한 다섯 시간 정도 마신 것 같습니다. 하지만 그 자리에서 마음을 돌리진 못했습니다. 아쉽지만 포기하기로 했습니다. 그런데 며칠 후 팀원이 계속 다니겠다며 사직을 번복했습니다. 그땐 이유를 묻지 않았습니다. 시간이 지나 팀원은 이렇게 말하더군요.

"팀장님 말씀을 듣고 여러 가지 생각을 하게 됐어요. 지금 회사와 이직할 회사를 좀 더 비교해봤더니 연봉이 얼마간 인상되는 것으로는 대체할 수 없는 부분들이 있더라고요."

다시 처음 얘기로 돌아가 보겠습니다. 사람은 다양합니다. 여러 사람을 기준에 맞춰 쓸모 있게 활용하는 사람이 팀장입니다. 사직서를 들고 온 팀원을 감화시켜 잔류시키고, 성공으로 이끌면 최상이겠지만 그러지 못할 때가 더 많을 겁니다. 팀장이 감당할 수 있는 이유인지 들어보고 기회비용을 언급하며 진지하게 얘기를 건네는 정도가 최선이 아닐까 싶습니다.

최고의 인재는 재입사자?

다행인지 몰라도 퇴사하는 사람보다 입사하려는 사람이 많은 게 요즘 세상입니다. 설득이 어렵다면 빨리 대체 인력을 뽑아야겠죠. 놓치기 싫은 인재라고 무리한 설득에 나섰다가 쓸데없이 악감정만 쌓일 수 있습니다. 괜히 사회에 우리 회사를 싫어하는 나팔수만 하나 늘리게 할 수 있습니다.

저는 종종 퇴사자들에게 연락합니다. 좋게 나갔든 나쁘게 나갔든 대부분 반갑게 전화를 하고 가끔 만나기도 합니다. 때때로 그 자리에서 진짜 퇴사 이유를 듣게 되기도 합니다. 드물게 감사팀이 들어야 할 얘기를 털어놓는 친구도 있습니다.

같이 일하고 싶은 친구에겐 슬쩍 복귀 의사를 타진해봅니다. 경쟁사에서 배운 것입니다. 그 회사는 퇴사자를 재입사시키기로 업계에서 유명했습니다. 언젠가 대표에게 이유를 물으니 "바로 쓸 수 있는 인재가 관련 업계 정보와 기술까지 가지고 다시 찾아오니 일거양득 아닌가요?"라고 답하더라고요. 그 회사 퇴사자들은 재입사 가능성이 있으니 외부에 함부로 회사 험담을 하지 않더군요. 또한, 퇴사자들끼리 자연스레 네트워크가 형성되었다고 합니다. 적극적인 퇴사자 관리가 아닌가 싶습니다.

당장 사람이 필요한데 쌓여 있는 이력서 중엔 쓸 만한 인재가 안 보여 답답하신 팀장님 계신가요? 어쩌면 퇴사자들이 답일 수도 있습니다.

 **입사 후 조기 퇴사를 줄일 방법이 있을까요?**

불경기가 이어지는 시장 상황과 맞지 않게 입사 후 얼마 안 돼 퇴사하는 경우가 많아 고민이라는 인사 담당 친구의 고민을 들었습니다. 그런 경우가 거듭되다 보니 채용공고부터 좋게 포장을 해야 하나 생각했답니다. 저는 말렸습니다. 사실과 다른 내용을 얘기하는 것은 윤리적 문제가 있을 뿐만 아니라 기대 수준을 올려서 오히려 더 빠른 퇴사를 낳을 수도 있으니까요.

좋은 말로 입사를 유도할 순 있겠지만, 실제로 일해보면 현실을 결국엔 알게 됩니다. 이럴 바엔 차라리 처음부터 회사의 현실을 알리는 편이 낫습니다. 이를 사실적 직무 소개 Realistic job preview라고 합니다. 이를 채용 면접 때부터 입사 직후까지 실시하면 효과적입니다. 결국 '솔직함'이 우리 회사에 적절한 인재를 안착시키는, 좋은 방법이라 하겠습니다.

CHAPTER 4

우리 모두 프로가 됩시다

1997년 1월, 주력 계열사 한보철강 부도로 당시 재계 14위였던 한보그룹이 무너졌습니다. 무리한 차입과 부정 대출이 원인이었습니다. 이후 굵직한 기업들이 잇따라 도산해 한보 부도는 IMF 사태의 전조로 꼽힙니다. 굴지의 대기업이 무너진 것보다 더 충격인 건 정경유착과 비리였죠. 이와 관련해 그해 4월, 국회에서 청문회가 열렸습니다. 고故 정태수 당시 한보그룹 회장은 이 자리에서 길이 남을 '명언'을 남겨 화제를 모았습니다.

"자금이라는 것은 주인인 내가 알지, 머슴이 어떻게 압니까?"

한 의원이 추가 자금 지원이 있었더라도 한보철강이 두 달 밖에 버티지 못했을 거란 한보 임원의 검찰 진술 내용을 밝히자 이같이 반응한 것입니다. 사장은 주인, 직원은 머슴이라 사고방식이었죠. 20여 년 전 우리나라는 이런 생각을 노골적으로 표현해도 되는 시절이었습니다.

주인의식을 가져라

사회생활을 하며 상사에게 가장 많이 들어본 말이 '주인의식'을 가지라는 것이었습니다. 요즘 직장인들은 자조적 농담으로 '월급 노예'라는 표현을 자주 쓰는데, 회사는 늘 주인처럼 일하라고 합니다. 상사의 꾸지람 속에도, 사장님의 훈시나 신년사에도 이 단어가 심심찮게 등장합니다. 기업 인재상이나 가치체계에 '주인의식'이 한 자리를 차지하는 곳들도 있습니다. 2018년 한국상공회의소가 조사한 바에 따르면 100대 기업의 인재상에서 주인의식이 5위를 차지했습니다.

100대 기업의 인재상 변화

구분	2008년	2013년	2018년
1순위	창의성	도전정신	소통, 협력
2순위	전문성	주인의식	전문성
3순위	도전정신	전문성	원칙, 신뢰
4순위	원칙, 신뢰	창의성	도전정신
5순위	소통, 협력	원칙, 신뢰	주인의식
6순위	글로벌역량	열정	창의성
7순위	열정	소통, 협력	열정
8순위	주인의식	글로벌역량	글로벌역량
9순위	실행력	실행력	실행력

출처 대한상공회의소, 2018. 9

자주 듣다 보니 저 역시 익숙해지더군요. 팀원들에게 무심하게 말했던 제 과거를 먼저 고백합니다. 제가 팀원일 때 주인의식을 운운하던 팀장님들을 떠올려봅니다. 그들도 정확한 의미를 알고 말했던 것 같지는 않습니다. 단어의 의미상 '일을 좀 **빠릿빠릿**하게 알아서 찾아서 해라' 정도였겠죠. 지금 생각해보니 그게 주인의식과 무슨 관계가 있었을까 싶습니다.

주인이 아닌데 어떻게 직원이 주인의식을 가질 수 있을까요? 직원에게 주인의식을 함양하기 위해 일반적으로 권고되는 사항은 아래와 같습니다.

- 경영정보를 최대한 공개하자
- 제안을 장려하고 의사결정 참여를 보장하자
- 성과가 나면 공정하게 배분하자

불행히도 이러한 원칙을 따르는 회사는 극소수에 불과합니다. 설사 실행된다 하더라도 직원이 주인이 되는 것은 아닙니다. 앞서 얘기했듯이 관리자가 얘기하는 주인의식은 '열심히 일하는 똑똑한 머슴'일 뿐일 테니까요. 따라서 주인의식이 허상임을 인정해야 합니다. 우리 모두 솔직해질 필요가 있습니다.

직원은 주인이 아니다

회사-직원 관계를 다시 생각해 볼 필요가 있습니다. 입사할 때 직원은 근로계약서에 서명을 합니다. 이 사실에 비추어보면 회사-직원은 '계약 관계'

라 설명할 수 있을 겁니다. 하지만 서구 사회와 비교해 우리나라는 계약 개념이 상대적으로 철저하지 못합니다. 계약대로 하자고 따지면 '쫀쫀한 인간' 취급을 당하기도 하죠.

회사와 계약은 노동-임금의 교환이 기본입니다. 직원은 노동시간을 제공하고 급여를 받습니다. 서로의 필요에 의해 계약을 맺고 교환가치를 나누는 평등한 관계의 결과물이죠. 이런 까닭에 저는 회사와 직원의 관계를 '파트너십'이라 부르고 싶습니다.

파트너십이란 쌍방이 각자의 의무를 다하는 결과로 서로의 권리를 행사하는 관계이죠. 이러한 맥락에서 회사는 더욱 수평적일 필요가 있습니다. 아쉽게도 현재 대다수 기업의 사업부제 조직은 1930년대 미국에서 형성된 과거의 유물이라 구조의 한계를 갖고 있습니다.

주인의식 아닌, '프로페셔널리즘'

계약에 기초한 파트너십 관계에서 직원 개개인에게 요구되는 의식은 프로페셔널리즘이라고 봅니다. 파트너로서 일하고, 성과를 당당하게 가져가는 게 프로정신이죠. 회사를 대의로 보고 소의인 개인을 굴종시키는 주인의식과 다른 개념입니다.

주인의식은 조직이 강요하고 강제하는 관점이라면, 프로정신은 보다 자발적이고 참여적입니다. 팀장이 팀원을 질책할 때도 후자를 택해야 더 효과가 높습니다. 회사에서 벗어난 개개인의 관점을 건드리는 시도이기 때문입니다.

프로정신으로 관점을 전환하자

주인의식 관점		프로정신 관점
'회사의 일원이라 생각하라'	▶▶▶	'회사와는 동등한 파트너라고 생각하라'
'조직에 맞게 능동적으로 행동하라'	▶▶▶	'계약에 근거하여 알맞게 행동하라'
'회사에서 본인의 미래를 생각하라'	▶▶▶	'개인 인생의 발전을 생각하라'
'위로는 상사, 아래로는 부하를 챙겨라'	▶▶▶	'파트너십에 따라 대우하라'
'회사의 규율을 준수하라'	▶▶▶	'본인은 프로라는 내적 기준에 따르라'

©김진영

팀과 프로정신

안타까웠던 팀원 하나가 생각납니다. 발전 가능성은 있는데 성과나 실력 향상 정도가 그에 미치지 못했습니다. 여러 차례 면담한 끝에 원인에 접근할 수 있었습니다. 입사 동기들과 격차가 벌어지고 있어 불안하다고 하더군요. 불안이 분발의 촉매제 역할을 했으면 좋으련만, 의지가 약한 상태에서 노력한 몇 가지 일들이 실패로 귀결되자 작은 실패가 쌓여 무기력증에 빠져 버린 것입니다.

여러 조언을 해주었는데, 가장 효과가 있었던 건 "남을 생각하지 말고 자신을 먼저 생각하라"는 것이었습니다. 남들과 비교에 휘둘리는 사람은 애초 자신의 목표가 없거나 불분명해서 그렇지요. 본인의 목표를 세우는 것이 우선이 돼야 합니다. 그다음에야 타인과 비교도 동기 상승의 재료로 쓸 수 있습니다.

"입사 동기들은 네 인생에서 스쳐 지나가는 사람들이야. 옆에 지나가는 사람들이 뭐가 중요하니? 정작 문제는 네 목표가 없는 거야. 그러니 길이 안 보이는 거고, 옆이나 두리번거렸겠지."

그 직원은 안타깝게도 타 부서로 전속되었습니다. 변화하는 모습을 보진 못했지만 일 년 후 감사 인사를 전해왔습니다. 저의 충고가 도움이 됐다면서요. 지금은 팀장으로 승진해 좋은 평가를 받고 있다고 합니다.

깨달음으로 이끄는 질문 ▶ **프로로 사는 사람은 평범한 직원과 뭐가 다를까요?**

그동안 만나봤던 프로들은 자신의 목표가 분명한 사람들이었습니다. 목표가 회사에만 머물지 않았지요. 뭔가 되겠다는 'What' 보다는 어떻게 살겠다는 'How'에 몰두했습니다. What은 How의 길에 있는 주요 포인트일 뿐이었죠. 스스로 동기를 부여할 줄 아는 사람들이었습니다. 심지어 회사가 어려워지는 상황에서도 초연하더군요. 지금 와서 생각해보니 일반 직원들과는 다른 시간표를 갖고 있었나 봅니다. 사람들과 불필요한 갈등을 일으키거나 사내정치에 빠지지 않았습니다. 회사 역시 본인의 목표로 가는, 하나의 정거장이었을 겁니다.

또한, 언행에 대단히 신중했던 것이 기억에 남습니다. 흉금을 터놓고 얘기하는 스타일은 아니었어요. 그래서 사람들로부터 팀워크가 부족하다는 오해를 받기도 했었죠. 하지만 분위기를 깨는 사람은 절대 아니었습니다. 프로의 진가는 퇴사했을 때 나오더군요. 대부분 전문 역량을 바탕으로 자기 사업을 꾸려나갔습니다.

CHAPTER 5

귀찮은 연례행사가 돼 버린
인사평가

4, 5년 전쯤 지인들과 경영 스터디 모임을 했습니다. S그룹, H그룹, L그룹 등 이름만 대면 알만한 그룹 계열사 직원들이 모임의 다수를 이루고 있었죠. 어느 날 스터디 주제와 관련된 사항이라 이런 질문을 한 적이 있었습니다.

"인사평가 결과를 받고 나서 팀장이나 임원에게서 구체적으로 피드백을 받은 경험이 있었나요?"

".…"

잠시 멈칫하더니 한 명씩 말을 꺼내기 시작했죠.

"입사 7년 차인데, 그런 거 받아본 적이 없어요."

"예전 회사나 지금 회사나 평가 결과는 통보식으로 받기만 했어요. 불만 있는 사람은 따로 면담을 신청하기도 하던데, 대부분 잔소리만 듣고 나오는 것 같더라고요."

"그냥 평가 등급만 메일로 통보받았습니다."

방향성 잃은 인사평가 제도

20XX년, 입사한 지 한 달이 안 돼 급히 팀장 워크숍을 기획하게 됐습니다. 여러 이슈 중 '성과금 배분 기준'이 있었지요. 워크숍에서 논의해보니 성과금을 본인 기본급의 100%로, 일률적인 적용을 하자는 게 팀장들의 공통된 의견이었습니다(전체 모수가 되는 성과금은 기본급의 100%가 총액이었습니다). 저는 깜짝 놀랄 수밖에 없었습니다.

'아니, 팀장 기본급이 높다고 해도 성과에 따라서는 차등 될 수도(더 받을 수도) 있는데, 그냥 100%라니, 여기 팀장들은 맘이 후한 건가?'

저녁 술자리에서 진상을 알게 됐습니다. 전년도에 성과급을 인사평가 등급대로 지급했더니 팀원들이 불만을 토로했다고 합니다. 팀장이 회사를 대신해 욕받이가 됐고요. 팀원들하고 껄끄러운 대화를 하기 싫어 차라리 자신이 덜 받을 수 있는 쪽을 택한 것이었습니다.

경영활동 중 '인사평가'만큼 논쟁이 끊이지 않는 사안도 없을 겁니다. 인사평가제도를 향한 불만을 넘어 회사의 신뢰성에 의심을 품게 되는 직원이 많습니다. 평가지표가 자의적이고 공정하지 않다, 기준 수립 과정이 투명하게 공개되지 않는다, 평가 결과 리뷰 절차가 없다, 한 번 찍히면 정성평가는 그대로 간다 등등.

인사평가가 불합리하다 느낀 이유 TOP 5

①	인사평가제도가 허술하고 미흡해서	36.6%
②	인맥 위주의 주관적인 평가여서	34.7%
③	매년 같은 방식으로만 진행돼서	30.7%
④	직군, 업무별 평가에 차이가 없어서	21.3%
⑤	제도에 만족하는 직원이 적어서	20.0%

출처 직장인 493명 대상 조사, 잡코리아, 2019.10

회사도 이런 문제점을 잘 알고 있습니다. 그래서 큰돈을 들여 컨설팅을 받고, 외부 인사평가 교육을 통해 자사에 어떻게 적용할지, 개선할지를 고민하는 거겠죠.

그럼에도 불구하고 여전히 난제임이 분명해 보입니다. 또한, 인사평가제도 자체에 천착하다 보면 '주객전도'라는 또 다른 문제가 발생하기도 합니다. 평가의 목적은 팀원의 동기를 끌어내고, 필요한 역량을 갖추도록 독려하기 위함입니다. 그런데 근시안적으로 제도적 측면에서 기술적인 부분에 초점을 맞추다 보면 애초 목적을 잊어버릴 때가 많습니다. 멋진 제품을 만들었는데, 애초 원했던 쓰임새와는 전혀 다르게 성형되는 꼴이죠. 평가는 평가 자체가 목적이 아니고 '수단'임을 잊지 말아야 합니다.

인사평가가 원래 의미를 찾으려면

일각에선 인사평가 자체를 없애자는 얘기가 나옵니다. 실제 LG, 마이크로소프트, 어도비 등의 기업에서 기존의 상대평가를 절대평가로 바꾸는 등 새로운 인사평가 방식을 도입하고 있습니다. 물론 대부분의 기업은 아직도 등급별 상대평가에 머물러 있고, 제대로 된 제도마저 갖추지 못한 기업이 적지 않은 게 현실입니다. 이런 상황을 고려해서 팀장 차원에서 인사평가를 원래 의미대로 할 수 있는 방법을 몇 가지 제시하고자 합니다.

하나, 인사평가는 팀장이 수행해야 할 가장 중요한 일이라 인식하고, 이를 팀 내부에 전파한다.

앞서 언급한 대로 인사평가의 본래 목적을 분명하게 숙지할 필요가 있습니다. 평가는 일회성이 아니고 일과 함께 늘 일어나야 하며, 팀장은 관련 사항을 수시로 기록해 둘 필요가 있습니다. 아울러 팀원에게 팀장의 생각을 정확히 주지시켜야 합니다. 그래야 팀원들도 항상 성과에 대해 고민하고 노력할 수 있을 겁니다.

둘, 사전에 인사평가 기준을 설명하는 자리를 만든다.

정량평가는 대부분 전사 목표를 아래로 받는 방식으로 결정되는 경우가 많습니다. 팀 목표는 다시 팀원 개인 목표로 쪼개지게 됩니다. 하지만 정성평가 기준들은 상당히 모호해서 뭘 해야 좋은 평가를 받을 수 있는지 아는 팀원이 적습니다. 다음 해가 시작되기 전에 수립된 기준들에 대해 설명하는 자리를 갖고 새해를 시작하는 것을 추천합니다.

셋, 인사평가는 분기별로 1년에 네 번 진행한다.

인사평가를 연말에 진행하는 회사가 많은데, 이러면 연말과 가까운 시점에 성과가 높은 직원에게 상대적으로 후한 점수가 갈 수 있습니다. 이런 편향을 방지하고자 분기별로 진행합니다. 특정 시기만을 가지고 평가가 이뤄진다는 팀원의 불안감을 해소할 수 있고, 이에 따라 평가결과의 수용성도 높아질 수 있습니다.

넷, 인사평가의 핵심은 피드백이다.

단순히 평가 결과를 알려주는 것은 피드백이 아닙니다. 피드백이라는 건 팀장의 생각을 설명하고, 상대의 반응을 청취하며, 앞으로 나아가도록 방법을 같이 찾아보는 과정입니다. 그래서 일종의 '코칭'이라고 생각도 됩니다. 분기별 인사평가에 앞서 피드백을 먼저 진행해보시는 게 효과를 높일 수 있습니다. 그래야 팀원은 결과 시점까지 한 번 더 만회할 기회를 갖게 되고, 팀장은 평가의 참고 자료로 삼을 수 있습니다.

사실 인사제도는 '팀장' 레벨에서 어떻게 할 수 있는 영역은 아닙니다. 전사에 적용되는 제도를 특정 팀만이 다르게 시행할 수 없기 때문입니다. 그렇다고 죽이 되도록 놔두기엔 너무나 중요한 활동입니다. 올해 인사평가는 어쩔 수 없더라도, 내년 목표에 대한 평가 활동은 올해가 가기 전에 새롭게 시작해 보셨으면 합니다. 불합리한 평가제도에 대해 팀장들의 의견을 모아 건의하는 것도 의미가 있다고 봅니다.

 **낮은 평가점수로 불만 많은 팀원과 어떻게 대화하면 될까요?**

불완전한 평가방식으로, 불완전한 평가자가 내린 평가결과에 대해 모든 팀원이 만족하긴 어려울 겁니다. 현실이 이러니 인사평가 결과를 통보하는 면담이나 피드백 자리를 두려워하는 팀장마저 있는 게 사실입니다. 하지만 외면하기엔 너무나 중요한 시간입니다.

우선, 팀원이 생각하는 자기 평가 수준을 묻습니다. 이어 결과가 나온 근거를 설명해줍니다. 둘 간의 차이가 있을 겁니다. '네가 이렇게 부족했잖아'보다 '앞으로는 그런 점을 개선해보자. 내가 도와주겠다'란 식으로 관점을 미래로 돌리는 것이 좋습니다. 100% 수긍할 수는 없겠지요. 그래도 팀장이 성심껏 본인의 처지를 들어주고, 도와준다는 약속을 한다면 불만을 조금이나마 줄일 수 있지 않을까요? 인사평가 결과는 설득과 수용을 바탕으로, 미래로 나아가는 새로운 출발임을 기억하시고 대화하시길 권합니다.

'업무'는
다 함께 한다

CHAPTER 1

카리스마 없는 리더가 더 낫다

직장인 대나무숲 앱 '블라인드'를 종종 살펴봅니다. 정보를 얻고, 요즘 팀장들은 무엇을 고민하고 어떻게 생각하는지 궁금해서요. 최근 카리스마로 고민하는 팀장의 글을 보았습니다. 아래 내용 일부입니다(흐름을 해치지 않는 선에서 조금 가공했습니다).

"난 30대 팀장이야. 부서원은 10명이고, 나이 차이는 위아래로 다섯 살 정도 돼. 위에서(내가) 업무적으로 딱히 문제가 될 건 없는데 '카리스마'가 없대. 너무 착해 빠졌다고 하더라고. 그렇다고 부서원들이 나를 따르지 않는 건 아냐. 근데 내가(팀원들을) 휘둘러야 할 때 지나치게 이론으로만 접근한대. 어쩌라는 걸까? 팀장이 왕이야? 막 휘둘러야 해?"

'위'라는 것은 '임원'을 뜻하는 것이겠지요. 글을 쓴 팀장이 '너무 무르다'는 지적을 하는 것 같습니다. 아마 본인들은 카리스마 끝판왕쯤 되나 봅니다. 함께 일하는 직원들도 그렇게 생각하는지 찾아가서 물어보고 싶습니다.

팀원은 카리스마 있는 팀장을 따를까

'카리스마'는 직원의 동의를 끌어내는 기운이나 능력을 일컫는 말입니다. 제가 경험해 본 상사 중 예전 회사 컨설팅사업본부장은 카리스마 있는 상사였습니다. 준수한 외모에 좋은 학벌, S사 출신에 능력도 출중했습니다. 사업을 꿰뚫어 보는 능력은 물론, 발표력도 대단했지요. 200 페이지가 넘는 제안서를 첫 장과 끝 장 빼곤 화면 한번 안 보고 완벽히 발표했습니다. 고객사 담당자들 입이 떡 벌어졌지요.

워낙 카리스마 넘쳐서 그랬을까요? 저는 그가 다녔던 경영대학원 숙제까지 대신 해주곤 했습니다. 업무와 관련해 대화를 한 적은 드물었고, 회식자리도 많지 않아 어떤 사람인지는 잘 알 수 없었습니다.

불행히 그 당시 닷컴 버블로 회사가 위기에 처했습니다. 사업본부장은 컨설팅사업부 인력의 집단 이직을 주도했습니다. 저는 그 대열에 합류하지 못했습니다(지금 생각하면 다행인 것 같습니다). 10여 년이 지난 지금도 OB 모임을 하고 있는데, 그때 그 카리스마 본부장은 나오지 않습니다. 얼마 전 모임의 형이 이런 얘길 했습니다.

"우리가 A 본부장 보고 일한 게 아니잖아. 밑에 B 부장이 뒤치다꺼리 다 했고, 우린 그 사람 보고 일했지."

맞는 말이었습니다. A 본부장이 일장 연설을 하고 가면, B 부장이 정리하고 팀원들을 챙기곤 했습니다. B 부장은 업무는 칼같이 매섭고 꼼꼼하게 처리했지만, 팀원들에겐 온화하게 대했던 것으로 기억합니다.

과거엔 카리스마 넘치는 팀장이 많았는데

가끔 해리포터의 마법 스틱을 갖고 싶다고 생각했습니다. 개념 없는 신입, 머리 좀 굵어졌다고 대드는 선임, 어린애들도 아닌데 왜들 싸우는지… 이걸 그냥 한방에, 마치 타노스의 핑거 스냅처럼 해결하고 싶었지요. 하지만 이 세상에 그렇게 간편한 해결책은 없겠죠. 허무함만 커졌습니다.

나름대로 카리스마를 가져보려고 노력도 해봤습니다. 회의 때마다 회사의 가치체계를 설파하고, 근태 규정을 철저히 지키도록 하며, 회의 안건은 사전에 충분히 고민하고 회의에 참여해서 리딩에 부족함이 없도록 준비했습니다. 팀원들은 어떻게 생각했을까요? 아마도 요새 팀장이 안 하던 짓을 하며, 이상해졌다고 생각했을 것 같습니다. 지금 생각하면 낯 뜨거워지는 장면입니다. 카리스마는 결코 노력한다고 만들어지는 것이 아니지요.

돌이켜보면 예전에는 카리스마 넘치는 상사가 많았습니다. 무엇이든 만들어도 잘 팔리던 80~90년대에 기업은 언제나 팽창일로였습니다. 상명하복의 수직적 체계에서 본인의 능력이 받쳐만 준다면 쉽게 승진할 수 있었습니다. 고급 정보도 그에게 모이죠. 거기다 윗선의 신임을 받고 실적까지 따라준다면 자연스럽게 '카리스마 있는 상사'가 될 수 있었습니다.

지금의 조직은 과거와 아주 다릅니다. 정보는 공개되어 있고, 직원 개개인은 전보다 똑똑하며, 권위보다는 개성이 중시되는 시절입니다. 어쩌면 이같은 여건이 지금을 사는 팀장에겐 더 골치 아프게 다가올 수 있습니다.

카리스마는 어디서 나오는가

한동안의 성과 없는 '카리스마 놀이'가 끝날 때쯤, 불현듯 상사 한 분이 떠올랐습니다. 저의 첫 번째 직장, 첫 번째 팀장님이었습니다. 그도 '과거'의 상사였지만, 조금 달랐습니다. 대기업에서 커리어를 시작해 실적으로 팀장 자리에 올라온 분이었죠. 카리스마 있는 분이셨는데, 팀원에게 비전을 제시하고 행동으로 팀원을 설득하셨습니다. 실수했을 땐 기꺼이 인정하셨죠. 농반진반으로 "아니꼬운 이 회사 때려치우고 나가서 같이 사업하자"고 자주 말씀하셨고, 후에 실제 회사를 만들어 팀원 몇 명과 함께 하셨습니다. 회사 사정이 좋지 않을 때도 직원을 내보내지 않고 사재를 털어가며 운영한다는 소식을 전해 들었습니다.

그 후 몇 년이 지났을까요. 갑작스레 팀장님의 부고 소식을 들었습니다. 어둑해진 야밤에 도착한 촌 동네 영안실. 예전 함께 근무했던 대리님, 과장님, 차장님이 먼저 와 계셨습니다. 놀란 마음을 진정하지 못해 덤덤한 상황이었는데, 과장님이 불쑥 한마디 하셨지요.

"○○○사장님이 돌아가셨다고. 우리가 모셨던 팀장님이..."

눈물이 펑펑 나오더군요. 나라가 망한 것처럼 울었습니다. 남을 위해 그렇게 울어본 건 난생처음이었습니다. 슬픈 와중에 '내가 죽으면 우리 팀원 중 날 위해 울어 줄 사람이 있을까'란 바보 같은 생각도 들었습니다.

일 잘하는 팀장이 좋은 리더는 아닐 수 있다

오래 전 지인에게 들은 얘기가 있습니다. 유명한 국가대표팀 감독이 선수들을 지도하고 있을 때, 프리킥 시범을 보였는데, 선수들보다 훨씬 더 잘 찼다고 합니다. 이걸 본 선수들은 '아, 감독님처럼 잘 차도록 나도 노력해야지' 했을까요? 다들 기가 죽었다고 합니다.

카리스마 있는 상사 곁에는 사람이 없는 법입니다. 너무 완벽하기 때문에 조언자가 필요 없고, 조수도 필요 없는 것이지요. 단지 팔로워만 필요할 뿐입니다. 제가 카리스마를 가지려 노력했을 때를 돌이켜보면 무척 외로운 시간이었습니다. 팀원들이 제 주변에 있으려 하지 않더군요. 제 판단이 틀렸음을 깨닫는 데까지는 시간이 다소 걸렸습니다.

완벽한 카리스마보다는 부족한 제 모습이 팀원과의 관계 설정에 도움이 된다는 걸 알게 된 것은 축복 같은 일이었습니다. 잘못을 숨길 때보다 드러내 놓고, 인정할 때 팀원들과 관계가 나아졌습니다. 사과하는 그 짧은 순간은, 정말 어디라도 숨고 싶었지만, 오류를 받아들이고 개선을 약속하고 나면 자유로울 수 있었습니다. 팀원들도 그런 모습에 익숙해져서 지적이나 의견 제시를 많이 하게 됐습니다. 그럴 때마다 리더란 앞에서 끌어주는 사람이 아니라 옆에서 함께 하는 페이스 메이커란 생각을 더 하게 됩니다.

카리스마 없어도 괜찮다

많은 사람이 아직도 카리스마형 리더를 꿈꾸는 것 같습니다. 하지만 카리스마가 없는(혹은 부족한) 것에 대해 더는 부담감과 불안감을 느끼지 않아도 된다고 생각합니다. 카리스마는 점점 효력을 잃어가고 있습니다. 이제는 세상이 많이 변했습니다. 리딩에는 다른 것들이 더 필요하다고 봅니다. '과거'의 카리스마처럼 한방의 마법 스틱은 존재하지 않게 됐습니다.

카리스마는 오히려 문제를 야기할 수 있습니다. 리더가 완전체이기 때문에 주위엔 예스맨들만 존재하게 되고요. 리더는 예스맨들의 시중을 받으며, 자기도취에 빠져 현실감각을 상실할 수 있습니다. 이는 타인과 환경에 대한 무감각이 초래될 위험성이 크다고 봅니다. 상식으로만 생각해도 이런 상사는 올바른 모습이 아니겠지요.

한 명의 완벽한 팀장보다는 팀원이 따라주는 부족한 팀장이 백배는 낫습니다. 부족함도 달리 생각하면 장점이 될 수 있습니다. 그것은 여러분들이 어떤 태도를 보이느냐에 달려 있습니다.

깨달음으로 이끄는 질문 **부드러운 리더십을 지향 하라지만 말처럼 쉽지 않던 데요?**

다혈질 성격의 A 팀장은 매사 화를 참으려고 노력했습니다. 팀원의 어처구니없는 반응에 깊은숨을 내쉬며 좋은 말로 대하려고 했지요. 상사에게 엄청나게 깨지더라도 화를 속으로 삭이려고 합니다. 이런 현상은 아래위로 끼어 있는 대다수 팀장님의 공통된 고충이 아닐까 생각합니다. 속마음과는 다르게 '착하게' 표현해야 하는 중압감이 있습니다. 이렇게 팀장은 참고, 착하기만 해야 할까요? 한두 번은 괜찮을 수 있겠죠. 누적되면 회의감과 자괴감에 빠지게 됩니다. 더 큰 문제는 팀장이 생각하는 포인트를 팀원이 제대로 이해하지 못한다는 점입니다. 리더십은 착한 게 아니라 효과적이어야 합니다. 팀원들을 한데 모아 성과를 내야 합니다. 필요하다면, 화를 내서라도 솔직하게 자기 뜻을 전달해야 합니다. 리더는 인기를 먹고 사는 연예인이 아니기 때문입니다.

CHAPTER 2

대화는 했지만,
통(通)한 건 아닐지도

"야, 너는 팀원들하고 문제없나?"

"응? 어떤?"

"아휴... 답답해서 정말... 내 뜻대로 해오는 인간이 하나도 없어. 그럼 또 얘길 하고, 듣는 개도 기분이 안 좋을 거고. 이게 다람쥐 쳇바퀴 돌아가듯 해. 끝이 없다."

"그랬구나. 마음이 안 좋겠네."

"그것만이면 다행이게? 며칠 전엔 전무님 보고 앞두고 팀원이 만든 보고 자료가 엎어지는 바람에 내가 점심 굶고 급히 작성했다니까. 나랑 한두 해 근무한 게 아닌데 왜 이리 내 맘을 파악 못 하는지... 진짜 알다가도 모를 일이다."

동기의 불평을 듣다 보니 저도 비슷한 경험을 했던 게 생각났습니다.

"○과장, 이거 내가 몇 번이나 말했던 거잖아!"

말하는 것과 뜻이 통하는 소통은 다른 것이었습니다. 말했다고 리더의 소임이 끝난 게 아니었죠. 팀원이 내 말을 못 알아들었다면 나의 의사소통 방식에 문제가 없는지 살펴야 했습니다.

말하는 것과 소통하는 것의 차이

'소통'의 진짜 의미는 뭘까요? 한자를 풀어보면 '막힌 것을 뚫고 통한다'는 의미입니다. 그렇기에 '말했다'는 것과 '통했다'는 차이는 '들었다'와 '공감했다'는 차이로 바꿔볼 수 있겠습니다. 일상적인 소통이 중요하겠지만, 특정한 시점, 즉, 피드백, 이해충돌 조정, 의사결정 시에는 상대와 소통이 더욱 요구됩니다.

다만, 소통은 대부분 대화를 매개로 하고, 대화의 입력과 출력은 말과 행동이 담당합니다. 말과 행동을 인식하는 것은 사람들의 '인지 능력'입니다. 따라서 사람들의 인지 능력에 대해 생각해보는 것이 소통을 이해하는 시작이라 하겠습니다.

회사 사람들은 내가 한 말을 기억한다?

사람의 기억력은 그리 신뢰할 만한 것이 못 됩니다. 저는 가끔 어제 먹은 점심 메뉴가 잘 생각나질 않거든요. 독일의 심리학자 헤르만 에빙하우스에 따르면 사람들은 오늘 열 가지를 듣고 내일이 되면 그중 세 가지밖에 기억하지 못한다고 합니다. 그렇기에 여러 번 반복해서 말할 필요가 있습니다. 단번에 소통이 되기 쉽지 않은 이슈라면 평소보다 더 큰 노력이 필요하다 하겠습니다.

회사 사람들은 논리로 사고한다?

우리는 논리적 사고의 중요성에 대해 잘 알고 있고, 특히 문서 작성이나 보고 시에 상대를 설득하기 위해 '논리성'은 반드시 뒷받침되어야 한다고 생각합니다. 허나 사람들은 본인이 이해하고 싶은 대로 듣는 경향이 있습니다. 논리적이기보다 감정에 판단이 휘둘리기도 합니다. 그래서 임원 보고를 앞두고 비서에게 '오늘의 심기'를 묻곤 하죠. 논리는 기본으로 장착하고, 감정과 기호에 맞게 시의적으로 대응하는 것이 효과적입니다.

회사 사람들은 회사를 중심으로 판단한다?

회사에 소속되어 일하는 직원이라면 모두 회사의 이익을 생각할 것 같습니다. 보고와 승인체계가 있고, 결과에 대한 평가와 상벌제도가 있으니까요. 하지만 현실에서 보듯 본인의 이익이 판단 기준의 제1 우선순위라고 봐야 합니다. 자신의 조직이 영향을 받는 사안에 대해선 특히 더 민감하게 반응합니다. 저는 영업 방식의 혁신을 추진할 때 끝까지 갖은 명분을 대며 저항했던 영업 이사를 기억합니다. 상대가 어떤 입장에 있는지 먼저 살피는 것이 원활한 소통의 전제조건입니다.

사람들 인식의 현실

이 같은 인지와 관련한 기본 이해를 깔고 팀장이 소통하는 장면을 생각해보겠습니다.

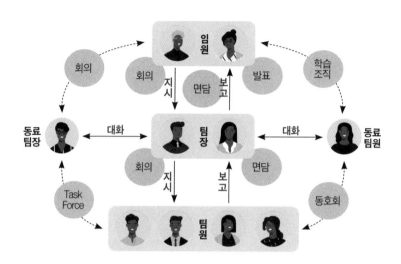

팀장은 사통팔달 소통의 구심

1. 임원과 소통

임원은 인사권이라는 수단으로 팀장의 생사여탈권을 가지고 있는 존재입니다. 제가 경험한 임원들은 합리적이고 개방적이기보다는 자기주장이 강하고, 독단적인 경우가 많았습니다. 그런 성격의 소유자는 밑에 직원을 몰아세워 실적을 내는 경우도 있으며, 이를 경영자는 바람직하다고 생각하기도 합니다. 상사를 생각하면 마음이 답답해지는 팀장님들이 많을 겁니다. 그럴수록 사람이 아닌 그 자리, 역할에 대해 생각해야 한다고 봅니다.

- 회사는 나의 주관에 따라 시시비비를 가리는 곳이 아닙니다. 예전 직장 동기가 제게 그러더군요. '독립운동하듯 직장 생활하지 말라'고요. 비굴하게 사는 것은 피해야 하지만, 자존심만 내세울 수 없는 곳이 회사입니다. 임원 험담은 하지 않는 것이 좋습니다. 발 없는 말, 특히나 부정적인 말은 이리저리 날뛰는 야생마와 같습니다. 누군가 뒷담화를 늘어놓더라도 면전에선 동의하지 않아야 합니다. 우리는 회사라는 무대 위에 선 연극배우입니다. 막이 내려올 때까지 연기의 긴장을 놓으면 안 됩니다.

- 섣불리 임원의 가치관이나 철학을 고치려 하거나 조언을 하지 않습니다. 솔직히 털어놓으라는 말에 넘어가 선을 넘게 되면 반드시 나쁜 결과를 맞게 됩니다. 마치 '야자타임' 후에 서먹한 순간처럼 말입니다. 임원의 솔직해 보이는, 사탕 같은 말에 속으면 안 됩니다.

- 임원이 원하는 것을 생각해보세요. 대기업 임원들의 생명은 대략 3년입니다. 임원이 되는 순간 연봉은 점프하게 되고, 임원실, 차량, 비서 등이 제공됩니다만, 그간의 퇴직금을 정산해줍니다. 즉, 1년 단위 '임시직원'이 됩니다. 대다수 임원의 소망은 생명 연장, 그리고 대표가 되는 것입니다. 지금 내 상사(임원)의 위치가 어떤지, 어느 쪽 가능성이 더 높은지 가늠해봐야 합니다.

- 임원의 질문에 때론 질문으로 답해 보십시오. '전무님 생각은 어떠세

요?' 그러면 반색하며 일장 연설을 늘어놓을지도 모릅니다. 임원 레벨까지 오른 사람이라면 팀장보다 상당수의 주제에 대해 잘 알고 있을 겁니다. 그럼에도 본인 생각이 맞는지 검증해보거나, 자신을 동조해줄 사람을 찾고 있을 가능성이 큽니다. '임원이 이런 것도 모르고 질문을 하나'라는 방심을 절대 금물입니다.

- 상대하기 껄끄러운 상사일수록 대면하는 기회를 더 가져 봅니다. 업무 지시에 대해 중간보고를 하는 것은 팀장의 적극성을 어필하고 상사의 의중을 파악하는 데 효과적입니다. 임원들도 확신 없이 지시할 때가 있습니다. 지시 후에도 임원도 나름대로 학습을 하며 주관을 형성해 가기 때문에 결론을 내기 전에 미리 합을 맞춰보는 게 필요합니다. 상사는 일반적으로 조급한 경향이 있습니다. 호출당하기 전에 미리 보고하는 것을 추천합니다.

- 임원의 상사인 대표와 자리에서 임원이 빛나게 해주세요. 대표가 팀장 본인을 칭찬했다면, 바로 상사인 임원이 잘 지도해줘서 그렇게 됐다고 하세요. 외부 협력사나 고객사와 미팅할 때도 상사 칭찬을 해두면 그것이 돌고 돌아 나중에 '복리' 같은 효과를 가져다줄 것입니다.

2. 팀원과 소통

온화하고 부드러운 리더십에 대한 선호가 최근 높아지고 있습니다. 임원에게 '매운 맛'으로 당했더라도 팀원에겐 '순한 맛'으로 설명해줘야 하는 게 팀장의 현실입니다. 이런 상황에서 팀원과 의사소통에는 원칙이 있어야 합니다.

- 팀원들의 요구를 다 들어주려는 것이 올바른 모습은 아닙니다. 아는 팀장 하나는 자신이 상당히 개방적이라며 우쭐댔습니다. 정작 본인은 시간 부족에 늘 시달렸는데 말입니다. 팀장에게 가장 중요한 자원은 '시간'입니다. 쓸데없이 시간을 잡아먹는 팀원은 경고 1순위입니다.

- 지시는 분명하고 명쾌하게 전달합니다. 그러기 위해서는 사전에 준비가 필요합니다. 팀장 자신이 충분히 소화해야 팀원들을 납득시킬 수 있습니다. 아울러 강조할 사항은 여러 번 반복해야 합니다. 또한, 팀원이 본인 입으로 말하게 해서 확인하는 관행을 팀 내에 정착시킨다면 더할 나위 없습니다.

- 질책이 필요할 경우 가급적 1 : 1 상황에서 합니다. 팀원의 위신을 고려해주는 면도 있고, 안 좋은 분위기를 형성하는 것을 염려해서 때문입니다. 하지만 동일한 잘못이 거듭되는 경우 회의 석상에서 지적하는 것을 직극적으로 활용해볼 만합니다. 특히 팀장의 권위를 무시하는 팀원의 경우 팀 전체의 압박을 느끼게 해줄 필요가 있습니다.

- 회의 시에는 본격적인 논의를 앞서 관련 사항이 어떻게 진행됐는지 함께 복기하는 시간을 갖습니다. 공통 안건이라면 돌아가면서 말해보는

것이 효과적입니다. 과거 작성했던 회의록을 체크해 볼 수 있습니다. 상당수 안건은 과거 회의나 활동들과 연결되기 마련입니다. 따라서 이를 회상하고 교훈을 얻으려는 노력이 중요합니다. 회의는 따로따로 떨어져 있지 않고, 하나의 실로 꿰어진 진주 목걸이 같은 것으로 이해해야 합니다.

3. 동료와 소통

팀장의 동료는 유관 부서 팀장이거나 팀원을 말합니다. 경쟁하기도 하고, 협력도 해야 하는 이들이죠. 다만, 매일 협조가 필요하진 않기 때문에 가만히 있다가 도움이 필요한 순간에 후회의 파도가 밀려오는 경험을 하곤 합니다. 동료들과는 평소에 우호적인 관계를 유지하면 좋습니다.

- 회의 석상에서 자신을 지지하며 한마디 보태 주는 동료 팀장은 큰 힘이 됩니다. 당사자가 하는 말은 '변명'처럼 들리기 쉬우니까요. 이런 지원을 얻고자 한다면 본인이 먼저 도와주는 습관을 들이는 게 좋겠습니다. 당연히 임원의 뜻과 배치되는 경우는 삼가야 합니다.

- 평소 친분을 쌓을 기회가 없었다면 동료가 팀을 옮기거나 지사로 발령 날 때를 노려보는 것도 좋습니다. 떠나는 사람은 서운한 법이고, 떠나보내는 사람은 미안한 법입니다. 이럴 때 송별회를 마련해보면 어떨까 싶습니다. 가는 사람을 훈훈하게 보내야 후에 다시 올 때 내 사람이 될 수 있습니다.

상대가 나를 볼 때, 소통하고 싶은 사람인가를 우선 성찰해봐야 합니다. 아무리 소통을 위한 여러 방법을 동원하더라도 상대가 싫으면 끝이기 때문입니다. 결국 원활한 소통의 기본은 바로 상대가 인정하는 당신입니다.

 **임원 보고 시, 승인을 받으려면 어떤 준비를 해야 할까요?**

임원은 팀장에게 지시하고, 결과를 요구합니다. 팀장은 실무를 관리해서 지시사항을 수행하지요. 그 과정에서 방향 설정, 자원 획득, 인력 관리 등의 이슈로 임원과 소통하게 됩니다. 목표 달성을 위해 함께 움직인다는 생각이 듭니다만, 묘하게 임원과 팀장은 입장의 차이가 있습니다.

사업의 일부인 실무를 맡은 팀장은 일이 되는 쪽으로 생각할 공산이 큽니다. 근거, 필요성, 계획 등이 주된 관심사이죠. 사업 전체를 아우르는 임원은 팀장이 보고하는 내용이 가져올 파급력까지 고려합니다. 의견 자체가 좋아도 기대효과와 위험성이 크다면 승인을 안 할 수 있다는 것입니다. 따라서 임원 보고 시에는 내가 하고 싶은 말보다는 임원이 듣고 싶은 말을 해야 승인 가능성이 올라갑니다. 이를 위해 자신이 낸 결론을 임원 입장에서 역으로 검증해보는 습관이 필요합니다. 아울러 보고 첫 부분을 임원의 주된 관심사인 '실행 결과'와 '고려 사항'으로 시작하는 것을 추천해 드립니다.

CHAPTER 3

회의가 회의(懷疑)스러운 이유

기획팀 이 대리: 박 팀장님, 다음 달 월간회의 보고자료 주셔야죠.

사업팀 박 팀장: 벌써 그렇게 됐나? 얼른 줄게. 막내야 보고자료 준비하고 있냐?

어느 회사 사무실, 회의자료는 이렇게 얼렁뚱땅 만들어집니다. 월간 회의는 한 달이 지나갔음을 느끼게 해주는 '월례행사'일 뿐이죠. 사전에 팀원들과 검토는 없고, 공유도 이뤄지지 않은 상태에서 시작하기에 회의 내용을 보지 않아도 실패가 예상됩니다.

회의가 직장인들의 원성을 산 건 어제오늘의 일이 아닙니다. 비효율과 시간 낭비의 대명사로 불리고 있죠. 최근 시스코 설문조사 결과를 보면 근무 시간의 37%가 회의에 사용되고 있으며, 응답자의 47%는 회의가 너무 많다고 지적했습니다.

회의, 필요한가요?

얼마 전 조직문화를 개선하겠다며 극단적으로 정기회의를 모조리 없앤 회사 얘길 들었습니다. 처음에는 뭔가 혁신이 된 것 같았다고 합니다. 회의 준비와 진행에 드는 시간을 아껴 더 가치 있는 일을 할 수 있을 거라 생각했기 때문이죠. 하지만 2~3주가 흐른 뒤 보니 오히려 회의하는 시간이 늘어난 아이러니가 발생했다 합니다. 정기회의는 없지만 수시로 상사가 소집하는 작은 미팅이 많아진 탓입니다. 이 회사는 고민 끝에 결국 정기회의를 부활시켰다고 하네요.

회의가 필요 없는 조직이 가능한지는 의문입니다. 조직은 상하관계가 뚜렷한 편입니다. 직책과 직무에 따라, 역할에 따라, 능력에 따라 격차가 있는 사람들로 구성되어 있습니다. 20세기 초반 자본이 축적되며 사업이 다변화될 때 나온 '사업부제' 조직 형태이긴 한데, 일부 혁신 기업들을 빼고 대부분의 기업이 아직 비슷한 구조입니다.

조직 통제구조가 결국 Top-down이기에, 하부조직은 상부조직의 뜻에 맞게 일사불란하게 움직여야 합니다. 자원은 제한되어 있기 때문에 사업부 간 혹은 부서 간 끊임없이 자원 확보를 놓고 경쟁하며 이해충돌을 빚게 됩니다. 회의는 의사소통의 수단으로서 의미가 있습니다. 모든 회의를 무의미하다고 치부할 것이 아니라 효율적으로 꾸려나가기 위한 운용의 묘를 살릴 필요가 있습니다.

회의는 주요한 의사소통 수단

회의會議를 뜻풀이해 보면 '모여서 의견을 논한다' 정도가 되겠죠. 회의의 주제나 목적은 다음과 같이 분류가 가능합니다.

- 정보 전달, 진척도 확인

- 창의적 기획, 아이디어 수집

- 갈등과 이해관계 조정

- 문제해결

- 의사결정

정보 전달과 진척도 확인을 위한 회의는 사실 회의의 의미와도 맞지 않습니다. 공지사항을 전하는 공유의 자리일 뿐입니다. 대표적인 사례가 '주간회의'입니다. 이 자리에선 통상 지난주에 무엇을 했고, 이번 주에는 무엇을 할 예정인지 등 활동 위주의 보고가 이어집니다. 기껏해야 주간실적 정도가 더해지는데, 숫자로 표현되는 실적은 ERP나 회계시스템을 통해서 언제든 확인할 수 있습니다. 굳이 시간을 들여 회의 자료로 만들 필요가 없는 것이죠.

그럼 어떤 회의가 진짜 필요한 회의일까요? 팀 내부회의 경중을 ERRC(제거, 증가, 감소, 창조) 매트릭스를 통해 작성해서 살펴보는 것이 도움이 됩니다.

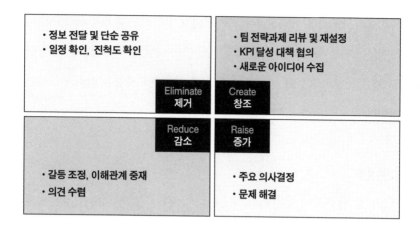

①제거

앞서 언급했듯 정보 전달, 단순 공유, 일정 및 진척도 확인을 위한 회의는 폐지 대상 1순위입니다. 물론 이러한 회의를 없애기 위해선 해당 내용을 확인할 수 있는 툴tool을 마련해 둬야겠죠. 툴을 당장 갖추기 어렵다면 게시판이나 이메일로 갈음할 수도 있습니다.

②감소

갈등 조정과 이해관계 중재는 주로 다른 팀과 발생하는 경우가 많기에, 회의 참석 범위는 팀원들 전부가 아닌 팀장 또는 부팀장('부팀장' 관련 내용은 '목표 달성을 위한 현실 대안'편 참고)까지로 제한한다면 '팀의 시간'을 절약할 수 있습니다.

③증가

모든 회의를 없애거나 줄일 수만은 없습니다. 예를 들어, 정책이나 제도

측면에서 중요한 의사결정이나 고객 클레임 대응 같은 문제를 해결하기 위해서는 시간을 충분히 확보해야 합니다. 이는 일상 활동 중심의 회의가 아닌 '이슈' 중심의 회의로, 중요 사안을 심도 있게 논의하는 자리로 만들어야 합니다.

④창조

회의의 핵심 포인트 중 하나는 '급하지 않지만 중요한' 회의입니다. 바쁘게 열심히 살았지만, 평가 시즌 앞에선 늘 후회가 남습니다. 또, 실적이 이전만큼 나오지 않는 상황에서 보충할 길이 없음을 깨닫게 되기도 하죠. 이러한 문제에 봉착하기 전, 평소에 정기적으로 논의할 장을 마련해야 합니다. 아이디어 수집, KPI Key Performance Index 달성 대책 협의 등의 이름으로 없던 회의도 만들어야 합니다.

팀 회의의 구조조정

중요도에 따라 회의 횟수를 조정했다면, 다음으로 상급 조직 회의 주기에 맞춰 팀 회의 주기를 정렬시키는 것이 필요합니다. 팀 회의 따로, 사업부 회의 따로, 전사 회의 따로인 조직들이 상당히 많습니다. 이러다 보니 회의를 둘러싼 회의감이 드는 겁니다.

아래는 유통사업을 하는 사업부 정기회의체 예시입니다. 활동 중심이 아닌, 주요 '이슈별'로 주차별 주간회의가 셋팅된 것을 알 수 있습니다. 하나씩 자세히 살펴보겠습니다.

회의명	일정 및 장소	회의 항목	세부 내역	주관부서	참석자

본부
주간회의
	매주
	월 08:00~
	유통사업부
	회의실
		(1주 차)
		전월실적
		회의
			• 전월 영업팀별 매출/매익 실
			  적 점검
			• (전사)월간경영점검회의 보
			  고 내용 점검
				• 사업부
				  기획팀
				  작성
					본부장,
					영업이사,
					기획팀장,
					영업관리팀장,
					영업팀장,
					소싱팀장

		(2주 차)
		주요
		메이커별
		예약율
			• 매출액 상위 30개 메이커 월
			  매익율 추이 분석
			• 매익율 변동에 따른 후속조
			  치 협의
				• 영업
				  관리팀
				  작성	

		(3주 차)
		영업미수
		회의
			• 월령별 미수채권 현황 체크
			• 장기 미수 업체 법적 처리
			  판단
				• (전사)
				  경영지원팀
				  작성
				• 영업팀 참여	

		(4주 차)
		상품
		개발회의
			• 검토 대상 품목 진행 단계
			  체크
			• 개발 검토 품목 관련 부서별
			  협의
				• 소싱팀/
				  기획팀 작성	

1주 차는 전월 실적이 주제입니다.

첫 주차에 바로 확정 실적이 나오기 어렵기 때문에 속보성 실적을 가지고 회의를 하게 됩니다. 앞서 언급한 바와 같이 숫자는 기본적으로 거의 실시간 확인 가능한 시스템이 갖춰져 있어야 합니다. 그렇다면 이 자리에선 부진 사유와 향후 대책을 중심으로 논의가 이뤄지게 됩니다.

2주 차는 주요 메이커별 매출이익율이 주제입니다.

이 조직의 경우 영업사원들이 고객사별로 단가를 조정할 수 있는 권한을 갖고 있습니다. 특정 영업 팀원은 단가를 낮춰 매출을 끌어올리고 싶은 유혹에 빠지기 쉽고, 이는 영업팀 간 불필요한 마찰을 가져올 수 있습니다. 사업부 차원에서 점검할 필요가 있는 이슈라고 하겠습니다.

3주 차는 영업 미수채권이 주제입니다.

이 회의 주체는 전사 차원의 경영지원팀입니다. 경영지원팀은 미수채권 회수와 처리에 대한 회사 차원의 대책을 고민하며, 영업팀은 부진 사유와 향후 대책으로 회의 준비를 해야 합니다.

4주 차는 상품 개발이 주제입니다.

기성품뿐만 아니라 직접 수입하거나 제조하는 상품의 진척도와 품질을 점검합니다. 소싱팀이 회의자료를 준비하고, 영업팀은 판매 가능성을 사전에 판단해 조언하는 형식이 되겠죠.

이제 내가 영업팀장이라면 어떻게 사업부 회의에 맞춰 팀 회의를 바꿀 수 있을지 생각해보겠습니다. 우선 매주 월요일 진행되는 사업부 회의를 준비할 팀 사전회의를 정례화합니다. 금요일은 휴가 등 불참 사유가 발생할 가능성이 크기에 한 주 전〈목요일〉로 정하는 것이 좋습니다.

1주 차 전월 실적 회의를 준비하는 팀 회의는 월별 실적이 부진한 팀원과 특이사항을 중심으로 진행하는 것이 좋습니다. 실적 숫자는 늘 확인할 수 있으니까요. 2주 차 회의는 전원이 모이기보다는 매익율이 과도하게 떨어진 팀원과 일대일 미팅으로 진행하는 것이 바람직합니다.

3주 차 미수회의 준비팀 회의는 팀 내부적에서 악성 미수에 대한 기간, 특이사항 등의 기준을 정하고 이에 벗어난 팀원들을 중심으로 모여 협의합니다. 4주 차 회의는 직접 회의 자료를 생산하지 않는 만큼, 판매 가능한 상품에 대한 아이디어를 모으거나, 팀 내부 목표를 위한 별도의 주제로 회의를 진행할 수 있습니다.

사업부 단위 주간회의 후 논의 결과는 게시판이나 이메일로 공유하는 것이 기본입니다. 회의 중 팀과 관련한 중요한 사안 발생 시에만 후속 팀 회의를 진행하도록 합니다.

상급 회의에 잘 정렬된 팀 회의

정기회의의 장점은 의외로 많습니다. 첫째, 주제가 정해져 있기 때문에 논의 시간이 절약됩니다. 둘째, 연속성이 보장되기 때문에 결정 사항을 지속적으로 확인하는 게 용이하죠. 셋째, 정기적으로 해당 이슈에 대해 사전 준비 및 후속 조치를 할 수 있는 팀원 개개인의 스케줄링에 도움을 줄 수 있습니다.

팀장이 정기회의 진행 시 준수해야 할 사항

▷ 정기회의는 반드시 실시합니다. 팀장이 없다면 부팀장 또는 선임 팀원이 주재하면 됩니다. "오늘 회의하나요?"라는 바보 같은 질문은 나오지 않게 합니다.

▷ 정기회의 시작 전 이전 회의에서 결정된 사항을 요약해 언급하고, 실행하기로 한 사항을 먼저 점검합니다. 회의에 회의감을 느끼는 가장 큰 이유는 논의만 있고 후속해서 실행이 되지 않기 때문임을 기억해야 합니다.

▷ 상급 단위 회의에 제출하는 보고서는 팀장이 작성을 마무리합니다. 특히 대응방안, 후속 조치 등 중요 부분은 더욱더 그렇습니다.

▷ 기초 데이터 수집, 정보 공지, 진행 상황 확인 등 단순성 업무는 부팀장 또는 선임 팀원에게 업무를 부여해서 팀장이 깊이 생각할 절대 시간을 확보해야 합니다.

▷ 월 1회 이상은 팀 내 목표, 팀원 역량 강화, 또는 팀 KPI 관련 회의를 진행합니다. 당면 실적과 다소 거리가 있지만 긴 안목에서 보면 매우 중요한 이슈들입니다. 회의실을 벗어나 야외나 카페에서 진행해보는 것도 새로운 분위기 속에서 아이디어를 만드는 좋은 환경이 될 수 있습니다.

팀장의 회의 원칙

상급 단위 조직의 회의는 사실 팀장의 의지와 별개로 움직입니다. 수시로 불러 대는 임원들의 미팅 요구를 피할 수 없습니다. 현실은 이렇다 해도 우선 팀 회의 구조를 바꾸고 상급 회의와 함께 돌아가도록 회의체계를 재구성하는 것이 필요합니다.

'목표-활동-대책'이 전사 단위, 사업부 단위, 팀 단위에서 일체감 있게 돌아가는 조직은 회의구조를 변화시키는 데서 출발할 수 있습니다. 회의가 쓸모없다고 말하는 사람들이 많지만, 제대로 활용하는 사람들도 분명 있습니다.

깨달음으로 이끄는 질문 ▶ **회의 결정 사항이 잘 실행되도록 하는 방법이 있나 요?**

경영활동의 기본 프로세스, 'Plan-Do-See'에 익숙하실 겁니다. 이 중 'Plan'의 수준은 상당히 발전해왔습니다. 대부분의 이슈는 'Do'에서 발생하는 것처럼 보입니다. 애써 아이디어를 모아 만든 기획안이 실행 단계에서 좌초되는 경우가 적잖게 생기지요. 그래서 실행력과 관련해서 문제가 있는 것이 아닌가 고민하게 됩니다. 하지만 실제로는 'See'를 제대로 수행하지 않아 그랬다는 것이 뒤늦은 후회였습니다.

회의가 제대로 작동해야 합니다. 'See'를 검토하고, 공유하는 자리가 되어야 합니다. 이를 위해 지난 회의에 논의됐던 계획과 대책에 대한 점검으로 회의를 시작합니다. 분기별 또는 반기별로 추진했던 그간 사업의 'Lesson learned'를 정리할 필요가 있습니다. '교훈'이라고 하면 대개 실패 사례에서 얻은 것으로 생각하지만 사실 성공한 사례에서 더 철저하게 뽑아내야 합니다. 성공했던 경험을 반복하는 것이 실패에서 알게 된 잘못을 보완하는 것보다 훨씬 용이하기 때문입니다.

CHAPTER 4

내부의 적이 더 무섭다

"박 상무님은 너무 원칙을 따지십니다. 때로 유연할 줄도 알아야죠. 요즘 매출 일으키기가 얼마나 어려운 줄 아십니까? 미수채권 규정을 조금만 풀어주면 영업사원들 일하기가 한결 수월해질 겁니다."

"이 상무님도 아시겠지만, 지난해 악성 채권 회수 문제로 얼마나 곤혹스러웠습니까? 그 후에 미수채권 방침이 강화돼서 적용된 지 이제 불과 수개월인데, 그걸 벌써 완화해달라는 게 말이 됩니까?"

매출에 목 마른 사업본부장과 원칙을 고수하려는 CFO^{최고재무책임자}. 회의 자리에서 두 사람은 거의 매주 싸웠습니다. 위 내용도 실제 대화를 살짝 다

듣은 것입니다. 상사들이 설전을 벌이다 보니 동석한 영업팀장과 재무팀장 사이에도 냉랭한 기운이 감돌았습니다. 격론이 오간 후 사업본부장인 이 상무는 회의실을 나오며 큰소리로 한마디 합니다.

"우리가 경쟁사랑 싸우는지, 내부 적이랑 싸우는지 모르겠어!"

사업본부 VS. 경영본부

매출을 책임지는 사업본부와 내부 살림을 담당하는 경영 본부 사이의 다툼은 일상화된 느낌입니다. 구매 담당 업무를 할 때 매입대금 결제조건을 가지고 회계팀장과 엄청나게 싸운 적이 있습니다. 당시 신사업 초기 단계라 우리 회사는 매입량이 적고 시장 인지도마저 낮았습니다. 매입하고자 하는 아이템이 있었는데 현금 선결제가 아니면 받을 수 없었습니다. 도매 포지션이었기 때문에 매입이 안 되면 매출이 없는 구조였습니다. 금액이 수십만 원에 불과했는데 회계팀장은 송금 못 해주겠다고 버텼습니다. 기존에 유사 사례가 없다면서요.

답답한 나머지 격앙돼 "네가 공무원이야? 내가 번 돈으로 네 월급 주는 거 알아, 몰라?"라고 해서는 안 될 말까지 하고 말았습니다. 그 이후 궁한 사람이 우물을 판다고, 본사에 직접 찾아가 사정을 설명하고 선결제가 가능한 구조를 협의했습니다. 우리 팀원이 건별로 내부결재를 맡아 진행하기로 하고 이체 한도를 설정한 뒤 복귀했습니다. 회계팀장은 잦은 선 결제 처리가 부담스러웠던 것이었습니다.

계선조직과 참모조직, 갈등은 필연

두 부서의 리더들이 나쁜 사람이라 서로 싸우는 게 아닙니다. 보직이 계선조직Line과 참모조직Staff을 넘나들게 되면서 발생하는 경향이 있습니다. 따라서 조직적 측면에서 이 문제를 살펴봐야 합니다.

1970년대까지 한국 기업들의 조직구조는 대부분 피라미드형 구조였습니다. 상급자의 명령과 지시에 따라 하급자가 실무를 수행하는 완전한 Top-down 방식이었습니다. '지시-실행'의 심플한 구조였기 때문에 권한과 책임의 소재가 분명했고, 빠른 실행력을 담보할 수 있었지요. 다만, '브레이크 없는 차'와 같은 형상이라 잘못된 방향으로 접어들게 되면 막을 도리가 없었습니다.

이를 보완하기 위해 도입된 것이 '참모형 조직'입니다. 그룹의 '경영전략본부', '구조조정본부', '비서실' 등이 여기 해당합니다. 그들은 계선조직을 맡은 사업본부장들과 사전에 교감하고 협의하거나 공식 석상에서 충돌을 벌이기도 하지요. 이들은 그룹총수와 CEO를 보좌하는 것이 사명이며, 일반적으로 라인 조직보다 보수적이었습니다.

참모조직(Staff)	항목	계선조직(Line)
소극적	경향성	확장적
소극적	위험 감수	적극적
적극적	원칙 준수	소극적
소극적	예산 사용	확장적
회장, CEO	보좌 대상	해당 사업단위 책임자

ⓒ김진영

과거 기업의 조직구조

원래 라인과 스태프 조직이 결합한 형태는 다음과 같은 모습이었습니다. 경제학자, 법률전문가 등의 전문가Specialists들은 CEO와 각 부문 또는 기능을 맡은 하위 책임자들 사이에 위치하며, CEO에게 조언하고, 하위 책임자들을 견제하는 역할을 담당했습니다.

계선조직(Line)과 참모조직(Staff)의 결합

```
                        ┌──────────┐
                        │   CEO    │
                        └──────────┘
                             │
  ┌───────────┐             │             ┌───────────┐
  │ 경제 전문가 │┈┈┈┈┈┈┈┈┈┈┈┈┈┈┈┈┈┈┈┈┈│ 법률 자문가 │
  └───────────┘             │             └───────────┘
        │                    │                    │
  ┌───────────┐       ┌───────────┐       ┌───────────┐
  │ 마케팅 매니저 │     │ 생산 매니저 │     │ 재무 매니저 │
  └───────────┘       └───────────┘       └───────────┘
        │                    │                    │
  ┌─────────┐         ┌─────────┐         ┌─────────┐
  │  감독   │         │  감독   │         │  감독   │
  └─────────┘         └─────────┘         └─────────┘
        │                    │                    │
     작업자               작업자               작업자
```

*직선은 라인 관계를, 파선은 스탭 관계를 나타냄

출처 https://kalyan-city.blogspot.com/2010/06/organisation-organizational-structure.html

하지만 시간이 흐르면서 전문가들을 항시 고용할 필요성은 점차 감소했습니다. 조직 내 역량 수준이 향상되었고, 아웃소싱 개념이 나오면서 필요할 때 잠시 고용하는 식으로 진행됐기 때문입니다. 한국 기업에서는 인사, 재무/회계, 총무/법무, 전략기획 담당자들이 CEO의 사생활까지 관리해주는 관행이 있었고, 그러다 보니 해당 인력이 있던 부서는 '가까운 전문가'의 위치를 점하게 됐습니다. 물론, 상시 조직이 아닌 '자문위원회', '비상임 이사', '고문' 등의 형태로 운용되기도 합니다.

H사의 조직도(2019년 기준)를 살펴보겠습니다.

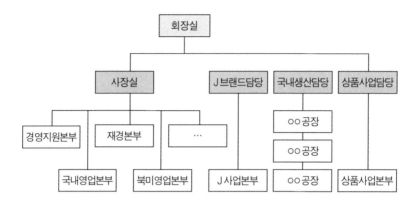

워낙 큰 조직이기 때문에 계선조직과 참조조직이 자세히 나와 있지는 않지요. 다만, '회장실', '사장실'은 회장님, 사장님만 있는 조직이 아닙니다. 참모조직들이 포진된 곳입니다. 아울러 '경영지원본부', '재경본부' 등은 계선조직처럼 나와 있지만 실상 참모조직처럼 움직일 가능성이 큽니다. 또한, 지역별 본부 안에도 지역 본부장을 보좌하는 참모조직들이 존재하고 있습니다.

계선+참모 조직

앞서 계선조직만을 갖춘 기업을 '브레이크 없는 차'로 비유했습니다. 이런 단점을 보완하기 위해 참모 조직이 추가된 형태가 '계선-참모 조직'입니다. 의사결정의 독단을 막아 합리적인 운영이 가능하도록 만드는 장점이 있습니다. 의사결정 과정이 복잡해지고, 시간이 많이 소요될 위험성 역시 상존합니다.

이처럼 계선조직과 참모조직이 함께 할 때 생기는 갈등은 구조적으로 자연스러울 수밖에 없습니다. 이런 환경에서 둘 간의 갈등이 없다면, 어느 일편이 주도권을 완전히 장악해버린 상황일 수 있겠습니다. 이는 결코 바람직한 현상이 아니며, '계선-참모 조직'의 원래 목적과도 맞지 않습니다. 회의 때마다 논쟁 없이 무난한 결정이 이뤄지고, 모두 웃으면서 회의장을 나온다면 조직의 견제와 균형에 문제가 없는지 살펴봐야 합니다.

두 조직 간의 소모적인 갈등을 피하는 방법은 '싸울 만한 가치'가 있는 의제를 놓고 싸우는 데서 출발합니다. 이를 위해 CEO의 역할이 매우 중요합니다. 의제 설정부터 논의 진행, 결론 도출까지, 결국 심판은 CEO이기 때문입니다. CEO가 공정하게 판단해서 결심하고, 결정을 내린 후에는 양측 모두 깨끗이 수긍해야 합니다.

가치 있는 싸움을 위하여

가치 없는 싸움을 피하고, 가치 있는 싸움에 집중하기 위해서 평소 계선조직, 참모조직 간에 상호이해와 배려가 필수라고 봅니다. 다음은 '사업팀장Line'과 '참모팀장Staff' 분들께 드리는 제안입니다.

사업팀장을 위한 솔루션

매출을 일으키려 고객에게 굽신거리고, 고객 요구사항이 받아들여지도록 내부에 굽신거리고. 신세 한탄이 절로 나옵니다. 인사, 재무, 회계팀은 편하게 책상머리에서 월급만 받아 가는 것 같습니다. 하지만 회사란 조직은 내 돈이 아닌 남(주주)의 돈으로 굴러가는 곳입니다. 당연히 규율과 견제가 필요합니다.

- **내부 접대를 한다.** 참모팀장들이 주타겟입니다. 접대라고 해서 머리를 조아리라는 게 아닙니다. 긴밀한 의사소통을 평소에 해두자는 겁니다. 그런 자리에서 우연히 회사의 중요 정보를 얻을 수도 있습니다.

- **중요한 보고 거리가 있으면 관련된 참모팀장에게 미리 보여주고 조언을 구한다.** 실제로 도움이 되든 안 되든 크게 상관없습니다. 파트너로 인정하고 있다는 것만 인지시켜도 나중에 큰 이익으로 돌아오게 됩니다.

- **도움을 받았을 경우 공식적인 자리에서 크게 칭찬한다.** 경영진이 있는 자리에서 지원을 잘 받고 있다고 치켜세워주면 앞으로 더 큰 지원을 기대할 수도 있습니다.

- **참모팀의 자료요청에 빨리 회신을 준다.** 참모팀들은 주로 사업팀의 데이터가 필요합니다. 어차피 줄 거 빨리 주고 잊어버리는 것이 맘 편합니다.

참모팀장을 위한 솔루션

CEO는 날마다 불러서 원칙을 세우고 감시를 철저히 하라는데, 사업팀은 개념 없이 일을 벌이는 것 같습니다. 매번 주의를 주지만 그때 뿐이죠. 담당자는 바뀌는데 인수인계를 제대로 안 하는 것 같이 보입니다. 한심하기 짝이 없습니다. 다만, 회사 운영에 필요한 돈을 벌어오는 것은 결국엔 사업 부서임을 받아들여야 합니다. 그들은 존경받을 만한 자격이 있는 존재입니다.

- **고객이라는 관점을 탑재한다.** 사업팀은 고객을 지향하는 인식이 투철합니다. 그렇기에 내부에선 고객의 입장을 대변하기도 하지요. 그럼 인사, 총무, 회계, 재무부서의 고객은 누구입니까? 고객 대접을 제대로 해주고 있습니까?

- **사업을 이해하려고 노력한다.** 사업에 따라 참모조직의 할 일이 달라질 수 있습니다. 몽상적인 비즈니스 룰이야 비슷하겠지만 사업의 특수성을 감안해서 어떤 부분을 제도화하고 지원할지 고민이 필요합니다.

- **사업팀의 지원이 필요할 때는 진솔하게 대한다.** '금일 사장님의 지시로…' 이런 식으로 시작하는 메일은 짜증만 유발합니다. 차라리 너도 힘들고, 나도 힘드니 서로 도와가면서 슬기롭게 이 시국을 넘어가자고 솔직하게 다가가는 편이 열 배는 낫습니다.

- **사업 성과가 발생하면 사업팀을 앞세워라.** 나의 지원이 도움이 됐겠지만, 그들이 먼저 빛나게 하십시오. 그 뒤에 오는 영광은 당신 몫이 될 수 있습니다.

사업 팀장님들과 참모 팀장님들의 '가치 있는 싸움'을 응원합니다.

깨달음으로 이끄는 질문 **저를 부정적인 사람이라고 합니다. 어쩌다 이렇게 됐을까요?**

타인은 내 속마음을 볼 수 없습니다. 내가 한 말과 행동으로만 판단하죠. 부정적인 인상을 줬다면 아마도 '말'이 발단이었을 겁니다. 무엇이 화근이었을까요?

우선, 습관적으로 부정적인 감탄사나 욕을 사용하지 않는지 살펴봐야 합니다. 이건 본인은 잘 모를 수 있으니 상대에게 물어보든지, 대화를 녹음해서 들어보면 좋습니다. 또한 상대의 말에 공감해주는 말을 적절히 사용하면 좋습니다. '아~ 정말~', '그래서 어떻게 됐어요?' 등입니다.

남을 절대 험담하지 않습니다. 약자 입장에서, 억울한 마음에 털어놓은 넋두리는 크게 돌고 돌아 결국 본인에게 돌아옵니다. 남이 한 험담을 옮기는 것도 안 하는 게 좋습니다. 직원들끼리 상사 욕, 회사 욕하면서 의기투합하는 것 같지만, 돌아보면 아무것도 남지 않는 부질없는 짓입니다. 말하는 대로 생각하게 되고, 생각하는 대로 살게 됩니다. 또한 사는 대로 인식되는 것이 세상 이치입니다. 말이 그만큼 중요합니다.

CHAPTER 5

신박한 아이디어 창출법

찬 바람이 불면 슬슬 '워크숍' 공지가 올라옵니다. 내년 사업계획 수립 논의에 더해 신규사업 검토나 각종 전략 리뷰 등 아이디어를 모아야 할 때가 됐다는 얘기죠. 많은 분이 새로운 아이디어를 생성하는 과정인 아이데이션Ideation의 방법으로 '브레인스토밍'을 떠올리실 겁니다. 낡고 오래된 느낌이 들지만 사실 브레인스토밍 자체가 지향하는 바는 긍정적인 면이 적잖습니다.

워크숍 브레인스토밍, 성과 내기 어려운 이유

영어사전에서 'brainstorm'을 찾아보면 '무언가 논의하기 위해 모이다', '머리를 모으다'라고 나옵니다. 평소에는 '머리를 모으기'가 어렵기 때문에 워크숍이라는 별도 행사를 통해 진행하는 것이죠. 창의적인 아이디어를 내기 위해 일상적인 분위기에서 벗어나 교외로 워크숍을 가는 것입니다. 추가적인 비용과 시간을 들여서 진행되는 워크숍의 브레인스토밍, 애초 목적과 달리 아이데이션의 성과를 내기가 쉽지 않은 한계가 있습니다.

(1) 자유롭지 않은 분위기

시간과 장소는 달라졌는데, 워크숍에 모인 '사람'은 동일한 경우가 대부분입니다. 자기주장이 강한 상사가 있다면 분위기까지 그대로일 가능성이 높습니다. 오히려 평상시 접하지 못한 환경에 대한 낯섦이 부자연스러운 논의를 낳기도 합니다.

(2) 진행 과정의 미숙함

브레인스토밍의 최대 목적은 아이디어의 '질'이 아닌 '양'입니다. '저런 아이디어까지...'라는 생각이 들어도 들어야 합니다. 참지 못하고 한마디 하는 순간, 브레인스토밍은 정지하고 맙니다. 회의 진행의 엄격한 룰을 감독할 사람이 필요한데 이 부분을 간과하는 경우가 많습니다.

(3) 발언 자체가 회의의 중심

아이디어의 표출방식이 '말'이기 때문에 소위 말발이 센 사람들 위주로 주도될 가능성이 높습니다. 내성적이고 조용한 사람은 아이디어가 있어도 표출하기 쉽지 않습니다. 결국 묻어가는 쪽으로 선택할 수 있습니다.

브레인스토밍의 대안, 브레인라이팅Brainwriting

브레인스토밍이 잘 돼서 많은 아이디어가 수집됐다 해도 문제는 이어질 수 있습니다. 중구난방, 백인백색 아이디어를 어떻게 추려서 실제 적용할 것들을 결정하는 것도 큰일이거든요. 이렇다 보니 바로 정리하는 작업을 하는데, 결국 결정은 높은 분들의 몫으로 돌아가는 경우가 많습니다. 브레인스토밍은 했으나 의사결정 방식은 평소와 다름없이 진행되는 셈이죠.

이런 문제를 해결하는 괜찮은 대안을 소개해드리고자 합니다. 바로 '브레인라이팅Brainwriting'입니다.

소규모 분임토의 방식에 적합한 방식입니다. 인원이 많은 경우 여러 개로 분임조를 운용하면 됩니다. 우선 6명 1개 조로 편성합니다. 그리고 주제와 하위 구분이 적힌 용지를 배포합니다. 그리고 주제별로 각자 맨 위 칸 (1, A, 가)에 본인의 아이디어를 써넣습니다(한 라운드에 3개 아이디어). 위의 아이디어를 더 발전시킬 수 있고, 아예 새 아이디어를 기재할 수도 있습니다. 작성 시간은 라운드 별로 5분으로 제한하고, 시간이 되면 옆 사람에게 용지를 전달합니다. 이론상 30분이면 아이디어 수집이 끝나게 되고, 6라운드 후엔 아래와 같이 아이디어로 가득 차게 됩니다.

이제 아이디어 중 적용할 만한 것들을 추려볼 차례입니다. 전체를 놓고 골라보자면 쉽지 않은 일이 될 겁니다. 이때 '쌍대비교법'을 활용하면 좋습니다. 일대일로 비교하는 게 핵심입니다.

아래는 제가 실제 해외 프로젝트(세르비아)를 할 때 설명했던 자료 중 일부입니다. IT시스템 컨설팅으로 현황분석이 끝나고 구축이 필요한 시스템을 결정할 시점이었죠. 1:1쌍대비교법을 제안했습니다. 구글에서 세르비

주제: 우리 식당의 고객증대 방안					
시설, 인테리어 측면		**식사, 메뉴 측면**		**홍보 측면**	
1	안락한 의자로 교체	A	유명 셰프 영입	ㄱ	SNS 활용
2	↳장애인 좌석도 준비	B	퓨전 신메뉴 개발	ㄴ	↳식당 추천인에게 할인권 제공
3	무료 주차권 지급	C	↳부진 메뉴 삭제	ㄷ	멤버십 카드 도입
4	↳주차장 확장 검토	D	즉석조리 시연	ㄹ	지역 케이블에 광고
5	↳ …	E	…	ㅁ	↳ …
6	…	F	↳…	ㅂ	…

©김진영

아의 미남미녀 사진을 모아두고, '왼쪽처럼 많이 있으면 제일 잘생긴 사람을 고르기 힘들다. 근데 일대일로 비교하면 쉽게 고를 수 있지 않겠냐'고 설명했습니다. 관계자들의 큰 웃음 속에 1시간도 안 걸려 결정할 수 있었습

쌍대비교법 설명(세르비아 미남미인) 예시

니다.

위에서 살펴본 3가지 하위 구분 아이디어를 일대일로 비교하면서 평가치를 적습니다. 둘 중 더 중요하다고 생각하는 쪽에 '1', 그렇지 않은 쪽에 '0'을 기입하고 완성되면 합산해서 높은 순으로 우선순위를 정합니다. 아래 사례는 구축할 IT시스템의 세부 모듈 간의 우선순위를 놓고 쌍대비교했던 10명의 결괏값을 취합한 결과입니다. 이런 방식이면 아이디어 도출부터 선정까지 누구나 공평하게 참여할 수 있습니다.

	SW	PL	RM	E-CG	E-LIB	CLR	COLL	BON	CDW	PCA	AEO	PRI	HR	SUM
SW		4	4	6	7	8	4	5	5	4	5	4	6	62
PL	4		5	7	7	9	7	6	7	6	6	6	9	79
RM	4	3		7	7	7	6	8	6	7	7	6	8	76
E-CG	2	1	1		5	7	4	5	3	4	4	5	6	47
E-LIB	1	1	1	3		6	6	6	5	5	7	6	7	54
CLR	0	1	1	1	2		5	6	4	4	4	5	6	39
COLL	4	1	2	4	2	3		8	6	7	7	7	9	60
BON	3	2	0	3	2	2	0		4	1	2	2	7	28
CDW	3	1	2	5	3	4	2	4		2	3	4	7	40
PCA	4	2	1	4	3	4	1	7	6		9	7	8	56
AEO	3	2	1	4	1	4	1	6	5	1		6	7	41
PRI	4	2	2	3	2	3	1	6	4	1	2		7	37
HR	0	0	1	2	1	3	2	4	2	2	4	3		24

'참여'가 결과에 바로 반영

브레인스토밍은 긍정적인 측면이 충분히 있음에도 기업문화와 상하관계에 따라 별다른 효과를 거두지 못할 가능성이 큽니다. 직급, 성별, 경력에 구애받지 않고, 누구나 참여해 의견을 내고, 객관적으로 평가하는 방법을 고민할 때라고 봅니다. 실제 브레인라이팅과 쌍대비교법을 내외부 프로젝트 시 적용해본 결과 기존의 의사결정 방식보다 좋았다는 반응이 많았습니다.

똑같은 의사결정 결과에도 그 실행에 있어 차이를 가져오는 포인트는 '참여engagement'라고 봅니다. 특출난 아이디어를 내지 않았지만 내 의견이 포함돼서 논의되고, 여러 사람이 평가한 끝에 결정이 되었다면 그 결과에 대해 참여자들이 갖는 관심은 높을 것입니다. 뭔가 결정했다는 것은 이제 막, 실행의 스타트라인에 선 것이고, 트랙으로 내달릴 사람은 참여자들임을 잊지 말아야 합니다.

깨달음으로 이끄는 질문 ▶ **논의 과정에서 상급자 입김을 줄일 방법은 없을까요?**

브레인스토밍의 근본 원리 중 하나는 바로 '평등'입니다. 바로 말하는 기회의 평등입니다. 이 평등의 원리가 작동하지 않으면 망설임 없는 의견 제시는 불가능합니다. 그렇기에 상급자의 개입을 방지할 필요가 있습니다.

우선 사전에 상급자에게 이와 같은 점을 설득해봅니다. 물론 설득이 되는 쉽게 사람이라면 논의할 때 쓸데없는 개입을 안 할 가능성이 높겠네요. 현실적으로 가장 확실한 방법은 분임토의 시에 상급자 그룹을 아예 제외하는 것입니다. 배제된 상급자들을 위한 별도의 논의 세션을 진행해보는 것이 좋습니다. 난이도가 높은 주제를 논의케 하는 것이지요. 물리적으로 분리하기 어렵다면, 상급자들끼리 분임토의를 하도록 합니다. 물론 토의 결과에 대한 발표도 하도록 해야겠죠. 이쯤 되면 '논의는 너희들끼리 알아서 해라'며 빠질 수 있습니다. 조용한 옆 방에서 그들을 위한 기타 활동을 준비해두는 것도 좋은 팁입니다.

CHAPTER 6

똑똑한 팀장도
이상한 결정을 한다

20XX년 어느 날, 사장님이 갑자기 저를 부르셨습니다. 들어오면서 문 닫으라고 하셨죠. 사장실은 늘 열려 있는데, 비밀스러운 얘기를 나누거나 외부 손님이 왔을 때만 닫히곤 했습니다. 무슨 말씀을 하실까 긴장하며 있는데, 한참 말씀이 없으셨습니다. 그러다 난감한 듯 이야기를 시작하셨 습니다.

사장 : 김 팀장, 난처한 일이 생겼어.

나 : 네? 말씀하시면 조치하겠습니다.

사장 : 내가 왜 그랬는지 모르겠는데 말이야...

사장님이 작은 사고(?)를 쳤다는 거였습니다. 모 케이블방송 PD가 전화와서(그야말로 Cold call) 회사 취재를 하겠다고 수백만 원의 홍보비를 요구했는데 순간 승낙해버렸다는 거였습니다. "왜 그랬을까"를 몇 번이나 반복하셨습니다. '늘 완벽해 보였던 사장님도 때론 말이 안 되는 결정을 하는구나' 사장실을 나오면서 생각했습니다.

며칠 후 PD가 와서 인터뷰를 진행했습니다. 방송은 3주쯤 지나 나갔습니다. 사장님께서는 창피하다고 생각하셨는지 다른 사람들에게는 함구하라고 하셨지요.

팀장의 오판

리더 역시 사람이니 실수할 수 있습니다. 위의 사례는 '해프닝'으로 넘길 수 있는 일이지만 리더의 잘못된 판단이 조직 전체를 위험에 빠트리기도 합니다. A그룹 총수는 개인 선호 때문에 신사업에 진출했다 그룹 전체를 위험에 빠뜨렸고, B그룹 총수는 주력업종과 관련 없는 기업을 인수해서 그룹 해체를 초래했습니다. 단 한 번의, 잘못된 의사결정이 회사를 나락으로 떨어뜨리는 경우가 적지 않습니다. 팀의 리더인 팀장 역시 마찬가지입니다. 잘못된 의사결정을 내리는 이유는 무엇일까요?

첫째, 본인을 과도하게 믿는 데서 의사결정의 오류가 시작됩니다. 팀장 대부분은 성취 지향적이고, 본인의 실적과 성과에 자부심이 높습니다. 한국 조직문화에선 이런 성향을 가진 사람이 인정을 받죠. 좋게 말하면 자존감이 높은 것이고, 달리 말하면 자만한다고 볼 수 있습니다(자존감과 자만심은 사안별로 왔다 갔다 합니다). 이러다 보니 본인의 의사결정에 확신을 싣는 경향이 높습니다.

둘째, 의사결정에 따른 위험을 지연시키다 기회를 상실합니다. 대부분의 결정은 위험성을 내포하고 있고, 그에 따른 책임을 동반합니다. 특히 본인에게 불리한 결과를 초래할 수 있는 결정에 대해 이렇게 반응을 보일 확률이 높습니다. 신중하다는 평가를 받는 팀장의 마음에는 위험 회피를 추구하는 뒷면이 숨어있기도 합니다.

셋째, 조급함에 설익은 결정을 내립니다. 긴급한 사안으로 소집된 회의에서 대책으로 '좀 더 지켜보겠다'란 의견을 내면 '안이하다'는 비난을 받기 십상입니다. 축구에서 페널티 킥을 막아야 하는 골키퍼 입장도 그렇습니다. 좌우로 움직이지 않고 가만히 있다 골을 먹으면 욕까지 추가로 먹을 경우가 많습니다. 하지만 중앙에 가만히 있는 경우에 킥을 막을 확률(33%)이 통계적으로 가장 높다고 합니다.

넷째, 단합이 잘 되는 팀일수록 팀장은 독단으로 결정할 가능성이 높습니다. 논쟁 없이 의견이 통일되는 팀이 그렇습니다. 표면적으로는 응집성이 강해

보입니다만, 실제적으론 팀 내 압력 때문에 비판 의견을 내기 어렵습니다. '팀원들이 내 말에 금방 동의한다'거나 '별다른 반대의견이 없다'면, 소통이 잘 되고 있다고만 볼 수 없습니다.

다섯째, 집착이 계속될 때 오류의 수렁으로 더 깊게 빠집니다. 기존에 내렸던 결정에 대한 비난과 체면 손상을 회피하고자 하는 본능이 발동하기 때문이죠. 여기에 '인지 강화' 현상까지 더해진다면 최악으로 치닫게 됩니다. '인지 강화'란 과거의 결정을 정당화하는 정보만을 보려 하면서 그 가치를 과장하는 것을 말합니다. 안타깝게도 자신의 잘못을 승복하지 않으려는 팀장에게서 자주 보이는 모습입니다.

적합한 답에 도달하기 위한 여정

리처드 탈러의 저서 〈넛지〉 등으로 '행동경제학'은 이제 상식이 돼 가고 있습니다. 기존 경제학의 기본전제, 즉 인간은 '합리성을 기반으로 행동한다'는 것은 반만 맞는 얘기가 되었지요. 그래선지 경영학 연구에서 '심리학'의 비중이 커지는 느낌입니다. '의사결정' 영역에서 심리학에 답을 구하는 것은 결국 인간의 합리성에 문제가 있다는 걸 의미합니다.

제대로 의사결정을 하기 위해선 나의 부족함을 인정해야 합니다. 또한, 우리가 취득하는 정보 역시 불완전함을 인지해야 합니다. 그렇기에 팀 내 활발한 의사소통을 통해 팀원들로부터 다양한 의견을 들을 필요가 있습니다. 본인이 내린 의사결정을 리뷰해줄 제3자를 두는 것도 중요합니다. 동료 팀장이 좋은 리뷰어가 될 수 있습니다. 해당 의사결정과 이해관계가 낮은 팀장에게 솔직한 의견을 구하다 보면 검토 시 전혀 생각하지 못했던 사항을 잡아낼 수 있습니다.

아울러 앞으로는 '데이터'에 기반한 의사결정의 비중을 높여가는 것을 염두에 두면 좋겠습니다. 특히 반복적이고, 작은 의사결정은 특정 데이터의 결과가 바로 결정까지 직결되도록 설정해두고, 팀장은 더욱 중요하고 가치 있는 의사결정에 몰두하는 것이 효율적입니다.

의사결정을 내리는 인간도 부족하고, 기초 데이터도 불완전하며, 환경도 급변하는데 '올바른 의사결정'이 현실적으로 가능한지 의문이 드는 것이 사실입니다. 과거 결과가 좋지 않았던 의사결정을 떠올려보면 더 큰 회의감이 들 수 있습니다. 이럴 땐 결과보다 '과정'에 집중하는 것이 어떨까 싶습니다. 결국, 의사결정의 과정은 '완전한 답'을 찾는 것이 아니라 '적합한 답'에 도달하기 위한 여정이기 때문입니다.

깨달음으로 이끄는 질문 ▶ 의사결정은 데이터 기반? 직관? 어떻게 해야 할까요?

최근 빅데이터, 머신러닝 등의 기술 발전으로 데이터 기반 의사결정에 대한 관심이 높습니다. 이제 의사결정은 컴퓨터가 대신할 것이라는 전망까지 나옵니다. 하지만 아직은 경륜이 있는 경영인에 의한 직관적 판단이 더 효과적이라는 의견 역시 여전합니다. 따라서 데이터 기반 혹인 직관에 의한 의사결정을 두고 어느 편이 더 낫다고 할 수 없다고 봅니다. 가령 인수합병, 신사업 진출 등 경영진의 '전략 의지'가 요구되는 의사결정은 100% 데이터에만 기대기 어렵습니다. 데이터는 특정 부분의 결과를 보여줄 뿐, 종합적이고 포괄적인 판단은 해주지 않기 때문입니다. 또한 데이터에 통계적 오류나 편향이 반영될 위험성도 고려해야 합니다. 데이터에만 기반했다면, 삼성의 반도체 사업 진출은 불가능했을 겁니다. 결국 세부적인 근거는 데이터로 검증하면서, 사업과 시장을 꿰뚫어 보는 통찰력을 쌓아가는 것이 의사결정의 적절한 준비가 될 것입니다.

CHAPTER 7

리더는 일이 아닌
구조를 관리한다

몇 개월 전, 다른 회사 팀장님 한 분과 만남을 갖게 됐습니다. 온라인에서 제 글을 보시다가 개인적으로 연락을 주셨습니다. 황송한 요청이긴 했지만 정확한 조언을 드릴 수 있을지 자신이 없었고, 여러 일정상 충분히 시간을 낼 상황도 아니였기에 망설였지만, 그래도 만났으면 좋겠다고 하셔서 뵙게 됐습니다.

미팅 장소에 먼저 가서 기다리고 있는데, 단번에 그분임을 알아챌 수 있었습니다. 잔뜩 찌푸리고 피곤함이 묻어나는 얼굴이었습니다.

원치 않던 팀으로 팀장 발령

"고맙습니다. 어디다 얘기를 못 하고 있다가.... 올리신 글을 보면서 용기

냈습니다. 실은 팀원들과 갈등이 심해서 고민이 이만저만이 아닙니다."

대략 한 시간가량 저는 듣기만 했습니다. 민감할 수 있는 정보는 제외하거나 명칭을 바꿔서 그분의 사정을 옮겨 봅니다.

중견 제조업체 마케팅기획팀장 3년 차. 나이는 40세 전후. 이전엔 마케팅실행팀에 있었으나, '기획-실행 조직' 간 시너지가 필요하다는 경영진 판단으로 마케팅기획팀장으로 갑작스레 발령 남. 본인은 원치 않는 인사였음.

문제상황(1) 팀원들의 기획 실무역량 수준이 낮다고 느낌. 일을 시키면 현장과 거리 있는 뜬구름 같은 아이디어만 가져옴. 독려하고 질책해봤지만 나아질 기미가 없음. 이런 상황이 반복되다 보니 팀원들과 관계가 소원해짐.

문제상황(2) 제대로 된 기획안을 내지 못해 소속 본부 회의 때마다 공격의 타겟이 됨. 본인을 믿고 팀장으로 발령을 내준 영업본부장은 재작년 퇴사. 신임 본부장으로부터 압박이 심한 상황임.

문제상황(3) 기존에 팀원이 5명이었는데, 마케팅채널 부서가 해체되면서 3명이 넘어오는 바람에 팀원이 8명으로 늘어남. 인원이 늘어나면서 문제가 더 심각해지고 있음.

"이런 리더가 되고 싶진 않았는데"

예상보다 심각한 수준이라 그 자리에선 딱히 뭐라 권고를 드릴 수가 없었습니다. 작별 인사를 하고 나오려는데, 팀장님께서 힘없는 목소리로 그러셨습니다.

"저도 이런 리더가 되고 싶지는 않았어요. 모든 게 팀원 잘못이라고 생각하진 않아요. 잘못을 따진다면 리더인 저에게 더 있겠죠."

헤어지고 나서 제가 내린 결론은 다음과 같았습니다.

- 팀장과 팀원들이 애초부터 다른 팀에서 있었던 상황이라 처음부터 신뢰가 부족했다.

- 이러다 보니 팀장은 작은 일 하나까지 체크를 해야 맘이 놓였고, 팀원들은 자신들의 실력을 펼쳐 보일 여유나 공간이 없었다. **팀장이 일을 시키는 방식에 가장 큰 문제가 있었다.**

- 신임 본부장과 기본적인 인간관계는 이슈가 없다고 하니, 업무 성과를 향상하면 호전될 수 있다.

- 팀원이 늘어났는데, 팀을 운용하는 방식은 그대로였다.

- 팀장은 책임감을 느끼고 있으며, 개선을 위해선 뭐라도 하겠다는 점은 희망이 있다.

리더는 일이 되게 만드는 사람

생각을 정리하며, 팀장님의 마지막 말씀 중 리더leader의 어원을 찾아봤습니다. 여러 설들이 있지만 제 눈길을 끈 건 '고대 유럽에서 가이드(길잡이)'라

출처 designed by cookie_studio, Freepik

는 것이었습니다. 지금처럼 지도책이나 내비게이션이 없는 때, 맹수들이 출몰하는 지역이나 사냥감이 있고, 안전하게 정주할 곳을 아는 사람이었습니다. 구전을 통해 그런 노하우는 전수됐을 것이고, 생존을 위한 비책을 갖고 있던 그들은 무리에서 중심적 역할을 담당했을 겁니다. 이런 맥락에서 '가이드의 일'을 '리더의 일 관리' 관점에서 재구성해봤습니다.

첫째, 가이드는 그 길을 이미 잘 알고 있다.

길을 숙지하고 있어야 일행을 안전하고 효율적으로 인도할 수 있습니다. 회의하다 보면 설익은 아이디어나 화두를 툭툭 던지면서 안을 만들어보라는 상사가 있습니다. 구체적인 설명 없이, 본인도 자기가 원하는 것을 정확히 알지 못한 채 무조건 해보라는 식입니다. 성숙한 리더라면 자신의 이해 정도를 설명한 후 함께 고민하자고 할 것입니다. 업무 지시는 항상 준비된 상태에서 명확하고 자세히 이뤄져야 하고, 세세한 내용까지는 아니더라도 본인이 바라는 상像이나 기대 수준을 말할 수 있어야 합니다.

업무지시가 명확하지 않다면, 직원들의 '이해력'은 떨어지고 '추리력'만 향상될 것입니다. 본인의 설명이 충분한지는 회의가 끝나고 팀원들이 회의실에 남아 얘기하는 장면이 반복되는지 살펴보면 알 수 있습니다. 아울러 지시한 사항은 반드시 회의록을 남겨서 서로 이해한 바가 일치하는지 확인하는 것도 좋은 방법입니다.

둘째, 가이드는 무리에서 신망을 받는 사람이다.

신뢰는 모든 관계의 기본입니다. 부부, 연인, 친구, 그리고 회사 동료 간에도 말이죠. 위의 사례는 서로 신뢰 관계가 형성되지 않은 상황이었습니다. 기존에 기획부서와 실행부서가 반목하기에 십상이었을 텐데, 상대 팀 사람이 팀장으로 오니 팀원들의 불만이 상당했을 겁니다. 이럴 경우, 시간이 걸리더라도 과거 가졌던 서로의 입장과 상대방에게 품은 희망사항을 솔직히 말하는 게 요구됩니다.

한 가지 더, '신뢰'는 단순히 상대를 믿어주는 것에 그치지 않습니다. 내가 반대의견을 제시했을 때 상대가 비상식적으로 반응하지 않을 거라 믿는 데까지 확장됩니다. 특히 이 부분은 팀워크에 매우 중요합니다. 이런 분위기를 형성하기 위해서는 상대적으로 덜 중요한 이슈에 대해서 100% 만족은 되지 않더라도 팀원의 의견을 수용해주는 아량도 필요합니다. 또한 팀장 본인의 의사결정에 오류가 있음을 솔직히 인정하는 모습을 보이는 것이 매우 중요합니다.

셋째, 가이드는 대략의 도착 시간을 가늠하며, 중간에 이를 점검한다.

길을 알고 있는 가이드는 현재 인원, 이동속도, 식량, 날씨 등을 종합적으로 판단해서 언제쯤 목적지에 도착할지를 추정합니다. 어떤 여정이든 편하고 넉넉한 시간이 주어지는 경우는 거의 없기에, 가이드는 다소 무리가 있어도 주어진 조건들을 조합해 계획을 세우고 사람들에게 일정을 전달합니다.

여러 번 회의를 거듭하고, 많은 이슈를 다루다 보면 납기에 대한 합의나 지시를 놓치는 경우가 종종 발생합니다. 팀장은 결과 보고가 필요해 팀원에게 요청하는데, 팀원은 납기 얘기를 듣지 못해 우선순위에서 미뤄두고 있다 갑자기 보고서를 달라고 한다고 느껴 불만이 고조되기도 하지요.

애초 지시 단계에서 완료 시점을 명확히 하고 중간에 보고를 받는 식으로 진행하자고 합의하는 게 바람직합니다. 위의 사례처럼 새로운 팀원이 새로 영입되었을 때는 '중간 점검'의 필요성이 더더욱 중요해집니다. 아울러 팀장의 시간을 확보해줄 '부팀장'을 활용하는 것도 염두에 뒤야 합니다. (현실적으로 한 명의 팀장이 관리할 수 있는 최대 팀원은 5~7명이라고 생각합니다)

넷째, 가이드는 오늘의 여정을 기억해 둔다.

무사히 이동을 마치고 목적지에 무리의 대부분이 도착했습니다. 다들 기쁜 얼굴로 안도감에 젖어 있을 때 가이드는 그동안의 여정을 다시 떠올려 봅니다. 자기 생각이 옳았던 점, 예상치 못했던 점, 잘못 대처했던 점 등. 그렇게 회상을 통해 교훈을 찾으려 합니다. 이 같은 행동은 전임 가이드가 가르쳐준 '가이드의 태도'였습니다. 그런 지식이 전수되지 않았다면 매번 같은 이유로 여정에 실패하고 말았겠지요.

'소 잃고 외양간 고친다'란 속담이 있습니다. 저는 한 마리 소를 잃은 뒤라도 외양간을 제대로 고쳐 둔다면 나중에 소를 떼로 잃는 일은 발생하지 않을 거라 생각합니다. 대부분의 조직에선 잘 된 케이스만을 간직하고자 합니다. 실패의 기억을 다시 대면하고 싶지 않기 때문입니다. 결과의 실패가 권장될 수는 없겠으나 열심히 한 과정의 실패라면 반드시 기억해야 합니다.

리더는 구조를 관리하는 사람

가이드는 무리 중 사람 하나하나가 잘 따라오는지 챙기지는 않습니다. 그저 방향을 제시하고 조언하며 점검할 뿐입니다. 리더도 마찬가지입니다. 리더가 어떤 이유에서든지 세부 일을 하겠다고 나서는 순간, 팀원들은 생각과 행동을 멈추고, 그것만 쫓을 겁니다. 설사 성과가 나더라도 그건 팀장의 개인 플레이지 팀워크가 아닙니다. 축구 경기를 생각해보시죠. 경기가 잘 풀리지 않는다고 코치가 경기장에 들어가 뛸 수는 없는 노릇입니다.

아쉬운 점은 많은 팀장이 일을 잘한다는 이유에서 승진되며, 팀장이 된 후에도 실무에서 헤어 나오지 못한다는 것입니다. 이는 분명 조직의 문제이며, 개별 팀장의 문제가 아닙니다. 그럼에도 불구하고 팀장은 팀을 책임져야 할 위치에 있기에 진짜 리더의 일을 시작하고 준비해야 합니다.

마지막으로 강조하고 싶습니다. 리더는 (팀원이 하는) 일을 하는 사람이 아닙니다. 일하는 구조를 만들고 관리하는 사람입니다. 외로운 마이크로 매니저가 되지 마시고, 함께 하는 가이드가 되시기 바랍니다.

일하는 구조가 잘못됐다는 것은 어떻게 알 수 있나요?

일하는 구조란 일이 되게끔 만들어주는 환경, 제도, 프로세스 등을 포괄하는 개념입니다. 일정 수준 이상의 능력을 가진 사람이라면 크게 차이 나지 않는, 수용할 만한 결과를 끌어 내도록 해주는 것이 가장 이상적인 구조의 모습일 겁니다. 이처럼 '일하는 구조'는 업무가 진행되는, 전반적인 프레임워크를 의미합니다.

구성원의 불평 듣기를 꺼리는 리더들이 적잖습니다. '본인만 편하려고' 불평하는 사람이 있긴 하지만, 동일한 불평이 반복된다면 구조가 잘못되었을 가능성이 높습니다. 또한 유사한 실수가 거듭될 때도 구조의 이상 유무를 살펴봐야 합니다. 아울러 일 처리 속도를 늦추는 병목 지점이 있지도 점검해야 합니다.

침몰하는 배에서 쥐가 먼저 탈출한다고 합니다. 구조에 문제 있다는 신호는 주로 팀원들로부터 나옵니다. 작은 신호가 계속된다면 그들의 목소리에 귀를 기울여보세요.

'성과'로
결론을 맺는다

CHAPTER 1

목표 달성을 위한
현실 대안

팀장의 가장 큰 미션은 '목표실적 관리'와 '사람 관리'입니다. 두 가지는 늘 함께 갑니다. 사람 관리가 잘 돼야 목표 관리도 잘 되지요. 반대로 목표 관리가 안 되는 팀에서 사람 관리가 잘 될 리 없습니다. 사람 관리만 잘 되는 조직은 동호회나 동창회지 회사라고 보기 어렵습니다.

팀장과 목표관리

팀장의 구체적인 목표는 무엇일까요? KPIKey Performance Index는 회사가 지정합니다. 이것을 실적목표와 역량목표로 구분해볼 수 있습니다(회사 중에는 일부 실적목표만 두는 곳도 있고, 역량목표를 근무 태도와 같이 정성목표로 삼는 곳도 있습니다). 팀장이 재량에 따라 팀 내에 특정 목표를 수립하기도 합니다만, 협의를 거쳐 회사가 공식 목표치를 부여하는 것이 일반적입니다.

목표관리에 대해 명확하게 이해하기 위해 A 제조기업의 영업2팀 사례를 가정해 살펴보겠습니다. A 기업은 일반 B2C소비자 상대기업 제조 기업이며 매출 대부분이 대리점에서 나옵니다. 영업 2팀의 주요 업무는 경인 지역 대리점 채널 관리입니다. 팀원 7명은 경인 지역 전속 대리점과 일반 취급점을 주기적으로 방문하고 관계자와 협의하는 역할을 하고 있습니다. 실적목표와 역량목표의 가중치는 각각 70%, 30%입니다. 팀장의 대략적인 목표 Break-down은 다음과 같습니다.

실적목표	- **경인 지역 매출신장률** : (전년 대비) ○○% 신장 - **경인 지역 매출이익목표** : ○억원 - **경인 지역 미수율 목표** : 매출액 대비 ○○○% 이내 - **경인 지역 신규채널 개소** : ○개소 이상 - **경인 지역 채널 이탈 방지** : ○개소 미만 - **팀 비용지출 목표** : 계획 대비 지출 비율(100% 미만)
역량목표	- **조직 역량** (조직성과 교육 이수, KPI 관련 팀원 면담, 내부 Workshop 수행 등) - **전문성 역량** (학습 분위기 조성, 내부 학습 리딩 등) - **윤리원칙 준수** - **타 부서와 협조도** (상호 평가 요소)

다른 선진 목표관리 제도들도 있겠지만, 위와 같은 정도라면 중간 수준은 될 것 같습니다. 실적이 중요한 영업팀에 왜 역량목표를 부여해야 하는지 의아할 수 있습니다. 이 점만은 명확히 하고 싶습니다. 실적은 표피이고 역량은 속살입니다. 내부 건강이 안 좋은데 윤기 나는 피부를 갖는건 불가능합니다. 화장을 통해 잠시 괜찮은 척 꾸밀 순 있겠지만 오랫동안속일 수는 없습니다. 누구나 수긍할 수 있는 상식선의 이야기지만 상식 앞

에서 좌절하는 게 요즘 팀장이 처한 안타까운 현실입니다.

효율 높은 목표관리를 위한 현실 팁

팀을 가정이라고 보면, 팀장은 어머니, 아버지 역할을 모두 해야 하는 자리입니다. 부서제였을 때는 사수-부사수 개념의 도제식 운영이 가능했지만 지금은 다릅니다. 팀장 외에 모두가 팀원인 상황에서 공식적으로 팀장의 역할을 분담해줄 사람은 없습니다. 특히 영업팀은 팀장이 팀원들의 영업처를 한 번 더 살피는 것은 물론, 핵심 거래처들을 직접 관리하는 경우도 부지기수입니다. 시간이 부족해도 너무 부족하죠. 이렇게 하면 팀장이 목표관리상 질적 변화를 가져올 수 있을까요?

첫째, 역량이 실적의 기초임을 전파한다.

영업팀만큼 실적을 지향하는 부서는 없을 겁니다. 회사에서 실적 좋은 팀이 최고라 생각할 수도 있겠죠. 하지만 엄청난 실적 이면의 진실을 마주하고 놀란 적이 여러 번 있습니다. 연간실적 평가에서 높은 점수를 받고 해외연수 포상까지 잡았지만 불과 몇 개월 뒤 엄청난 미수채권과 반품이 돌아온 적도 있고(연말 무리한 밀어내기로 실적을 낸 거죠), 개인의 목표 달성을 위해 비공식적으로 할인을 제공해 다른 팀원과 불화를 일으킨 경우도 있었습니다.

실적은 꼼수나 묘수가 아닌 실력에 근거합니다. 실력을 만드는 것은 역량이지요. 꾸준한 역량 배양 만이 진짜 실적을 내는 방법입니다. 팀장은 역량목표 달성을 위해 팀원에게 전문성 향상이 결국 실적향상의 지름길임을 강조해야 합니다.

둘째, '부팀장'을 세워 시간을 확보한다.

날마다 실적으로 쪼는 영업본부장, 클레임으로 항의하는 고객사, 속 썩이는 팀원 등. 팀장은 늘 바쁘고 정신이 없습니다. '미리 준비하고 대응해라' '회의 시간을 줄여라' 등 테크닉 위주의 조언은 절대적 시간 확보에 큰 도움이 되지 않습니다. 시간 부족에 허덕이고 계신다면 반드시 '부팀장'을 두시길 권고드립니다.

경험상 팀원이 5명 이상이면 혼자 관리하기 어려워집니다. 매주 한 명씩만 면담해도 한 달이 금방 가죠. 회사에서 좋아하든 말든 상관없이 부팀장을 지정해 팀 내에 공식화하는 것이 필요합니다. 옥상옥屋上屋이나 문고리를 만들라는 게 아닙니다. 실력을 인정받는 팀원을 부팀장으로 세워, 실무적인 목표 관리와 팀원 현황 파악 역할을 맡기는 게 바람직합니다. 조직관리 측면에서도 긍정적인 면이 있습니다. 어차피 팀장이 그 자리에 천년만년 있을 게 아니니까요.

셋째, 중요한 일에 시간을 집중한다.

시간 관리의 바이블이라고 하는 '아이젠하워 모형'을 통해 팀장 업무를 구분해보겠습니다. 아이젠하워는 '시급성'과 '중요도'를 기준으로 일의 우선순위를 구분합니다.

대부분의 사람은 중요하지만 시급하지 않은 4사분면 활동을 '바쁘다'는 이유로 미룹니다. 개인 생활로 치면 금연, 금주, 운동과 같은 것들이 중요하지만 뒷전으로 밀리고 있죠.

4사분면의 일들은 대부분 시간의 축적이 필요한 중장기 과제인 경우가

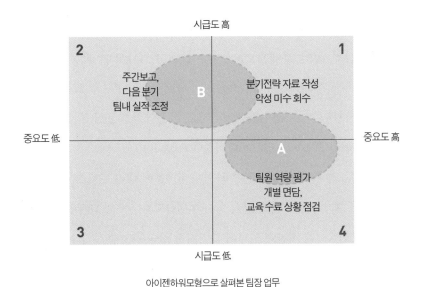

아이젠하워모형으로 살펴본 팀장 업무

많습니다. 노력이 쌓이지 않고서는 질적 변화가 일어날 수 없지요. 힘들지만 제대로 해낼 경우 팀 성과로 이어질 기초 체력이 됩니다.

부팀장에게는 시급하지만 덜 중요한 일상 업무(B)를 맡기면 좋습니다. 팀장은 이를 통해 시간을 확보할 수 있게 되고, 이 시간을 중요업무(A)에 투입해 당장 필요하지 않다는 이유로 우선순위가 밀렸던 중요한 일들(팀원 역량 평가 개별 면담, 교육 이후 후속 조치 등)을 처리할 수 있게 됩니다.

부팀장과 시간 확보

기타 방법으로는 회의체 개선을 고려해볼 수 있습니다. 영업팀은 실적 점검 회의를 자주 하게 됩니다. 요즘은 영업관리시스템이 발달해 따로 보고 없이도 팀장은 팀원들의 실적을 실시간으로 확인할 수 있습니다. 따라서 실적점검 회의 자체를 줄이거나 없애고, 4사분면 활동에 해당되는 회의를 정례화하는 게 좋습니다. 가령 둘째, 넷째 주 회의는 역량목표와 관련된 회의로 잡아 두는 것이지요. 아울러 개인 면담 주제 안에 역량목표 부분을 포함하는 것이 바람직하다고 봅니다.

팀의 목표는 전사적 차원, 본부 차원에서 배분해 내려오는 경우가 대부분입니다. 그러다 보면 관리 방식 역시 일원화되는 경우가 대부분입니다. 아쉽게도 팀장에겐 시간이 넉넉히 주어지지 않습니다. 회사나 본부 차원에서 팀장에 대한 배려나 팀 상황을 고려해준다면 좋겠지만 그렇지 못한 현실을 감안해 편법 같은 '부팀장 제도'를 생각해봤습니다.

팀장은 구조상 독박을 쓸 수밖에 없습니다. 철인이 아닌 이상 모든 걸 혼자 해내는 건 불가능에 가깝습니다. 동지로서, 후배로서 든든하게 해줄 사람이 필요합니다. 회사 일도 어차피 사람이 하는 일이니까요.

출근해서 별로 한 일이 없는 것 같은데 벌써 점심시간입니다. 식사하고 잠시 자리에 앉아 있었는데 팀원들은 퇴근한다고 하네요. 나름 시간 관리를 한다고 하는데 왜 이런지, 회의 감이 듭니다. 이런 하루를 경험들 해보셨을 겁니다. 몇 가지 팁을 드리겠습니다.

우선 내가 통제할 수 없는 시간은 제외합니다. 본부 회의 같은 이벤트입니다. 나머지 통제 가능한 범위에서 '밀도 있게' 일할 수 있는 시간을 생각해봅니다. 일반적으로 오전 10시경 이 가장 머리가 밝은 시간대라 합니다. 따라서 일상적 이벤트보다는 집중해서 혼자 일할 수 있도록 확보하는 것이 효율적입니다. 중요한데, 하기 싫은 업무를 처리하기에 알맞은 시간대입니다. 물론 심각한 의사결정이나 아이디어가 필요한 미팅은 그때 진행하면 효과적입니다. 더해서 무거운 보고는 피하는 게 좋습니다. 상사가 이성적으로 예민해지는 순간은 피하는 겁니다. 점심 후 나른할 때를 권해 드립니다.

CHAPTER 2

철학이 있는
성과관리

2020년 10월 타이어 관리 전문업체, A 사에서 일어난 '휠 고의 훼손' 사건은 세간의 이목을 끌었습니다. 타이어 교체를 원하는 고객 차량의 휠을 정비사가 고의로 망가뜨려 추가 수리를 요구한 것이었습니다. 블랙박스 영상이 있었기에 정비사(대리점주)와 본사의 사과 성명 발표가 바로 이어졌습니다. 아래는 관련 기사('A 사 휠 고의 훼손', 금강일보, 2020. 10. 22)의 일부분입니다.

학계에선 구조적 원인에 의한 예견된 사건으로 보고 있다. 대덕대 자동차학과 이호근 교수는 'A사뿐 아니라 타이어유통업계들은 일종의 매출책임할당제를 운영하고 있다. 매출이 증가할 경우 구간별로 수익

비율을 높여주는 구조라서 어떻게든 매출 성과를 끌어올리려는 무리 수가 발생하고 있는 것'이라며 '이를 개선하지 않는다면 소비 패턴의 변화가 찾아올 수도 있다'라고 진단했다.

'매출 성과를 독촉하는 게 당연한 거 아닌가?'라는 생각이 들 수 있습니다. 매출 성과를 내야 회사가 존속하긴 하겠죠. 저는 당연할 것 같은 매출 성과와 회사의 지향점과는 어떤 관계가 있을까에 대해 의문이 생겼습니다.

A 사의 홈페이지에서 경영 철학Mission을 찾아봤습니다. '국민이 좋아하는 A 사'였습니다. A 사는 몇 가지 키워드를 제시하고 있습니다. '고객 안전', '사회 환원', '전문성', '친절' 등. 매출과 직접 연관되는 키워드는 없었습니다. '대한민국 1등 타이어 전문점'이란 단어가 있었지만, 전문성 설명이었습니다. 게다가 '고객 안전'을 맨 위에 올려 둔 것을 생각하면 해당 대리점의 훼손 사건은 기업의 철학에 정면으로 배치되는 행위였습니다. 그런데, 대리점주는 매출 압박을 받았나 봅니다. 지향과 현실이 일치하지 않은 모습이었던 겁니다.

차라리 '1위 규모의 기업이 되겠다'라는 문구가 있었다면 약간은 이해할 수 있겠습니다. 그렇다고 해도 부정한 방법과 수단을 통해 성과를 내는 것 자체가 용납될 수는 없겠지만 말입니다. 성과를 얻기 위해 옳지 않은 수단이 동원되는 구조가 상시화된 것 같아 안타까웠습니다.

귀사의 경영철학은 무엇입니까

'성과'는 경영 철학을 구현하는 과정의 개념으로 이해해야 합니다. 마치

개울을 건널 때 한발 한발 딛는 돌다리 같은 것입니다. 돌다리를 하나하나 내딛다 보면 어느새 저편으로 가 있게 되는 것이죠. 물론 현업에 파묻혀 이번 달 목표, 분기 목표, 반기 목표, 연간 목표 달성에 눈코 뜰 새 없는 팀장님들에게 '공염불'처럼 들리기도 합니다. 그게 당연합니다. 전적으로 경영진이 미리 정해두고, 일상적으로 강조해야 할 일이기 때문입니다.

기업 컨설팅을 하는 선배가 있습니다. 컨설팅 사업은 손뼉이 맞는 고객사를 만나는 게 중요하다며, 수주하면 안 될 기업을 가려내는 비결(?)을 말해줬습니다. 프로젝트를 시작하기 전(계약금을 받기 전) 고객사에 방문해서 직원 중 세 명에서 다섯 명을 무작위로 골라 면담할 수 있도록 요청한답니다. 이것저것 묻는 척하면서 회사의 경영철학이 뭐냐고 질문합니다. 면담 직원 모두가 대답을 못 할 경우엔 어떤 이유를 대서라도 수주하지 않는다고 합니다.

"아니, 컨설팅 경기가 좋지 않은데, 그렇게 하는 건 수익에 영향을 주지 않아?"

"틀린 말은 아니야. 근데 경영철학에 대해서 직원들이 모른다면 그 기업은 싹수가 없다고 보면 돼. 괜히 그런 곳에 가서 컨설팅해봤자, 효과가 잘 안 나니까 클레임 걸릴 수 있고. 힘은 힘대로 빼고, 나중엔 잔금 받기도 어려워. 차라리 안 하는 게 나아."

혹시 지금 여러분 회사의 경영철학(또는 경영이념, 경영방침, 비전&미션, 가치체계 등)은 멋지게 표구되어 벽을 장식하고만 있지는 않은지요?

성과와 경영철학

성과는 경영철학과 직접 제대로 연계되어 있어야 의미가 있습니다. 현재의 성과지표(정량적, 정성적 목표)를 살펴보시길 바랍니다. 회사의 경영철학과 잘 매칭이 되고 있나요? 누락되거나 한쪽으로 몰려 있지는 않은지요. 사람을 채용할 때 판단하는 기준, 승진 시 검토하는 기준, 처벌 시 판단하는 기준 등도 경영철학과 맞닿아 있습니까?

왜 이렇게 '경영철학, 경영철학' 하냐고 반문하실 분이 있을 겁니다. 기업에서 경영철학은 '헌법' 같은 존재이기 때문입니다. 헌법은 국민이라면 누구나, 최고 권력을 가진 대통령이라도 준수할 의무가 있습니다. 경영철학역시 사장님, 회장님도 지켜야 힘을 갖습니다. 사내 모든 제도, 모든 체계, 모든 프로세스, 모든 조직 등에는 경영철학이 녹아 있어야 합니다. 마치 혈관을 도는 피처럼 회사 전체를 항상 막힘없이 순환해야 합니다.

교과서 같은 이야기 그만하라고 하실 분도 있을 겁니다. 경영철학이 조직 전반에 퍼져 있지 않아도 잘 굴러가는 기업들이 있다고 항변할 수 있습니다. 저도 그런 회사를 하나 알고 있습니다. 지방 중견기업인데, 매출이 3천억 원이 넘습니다. 80대에 접어든 회장님(창업주)이 아직도 전표를 체크하며, 의사결정은 모두 탑다운 방식으로 처리됩니다. 멋진 경영철학이 있지만, 실제 그것에 기반해서 경영이 이뤄지진 않습니다. 직원들은 불만이 많지만 기대 수준을 낮추며, 불경기에도 월급이 체불되지 않는 정도에 자족하며 지내고 있습니다. 혹시 이런 회사의 수준을 바라는 건 아니실 거라 믿습니다.

성과관리에 대한 착각과 오해

팀 단위 성과관리를 말하기에 앞서 다소 돌아온 느낌입니다. 그만큼 회사가 미리 고민하고 실행할 부분이 크다고 이해하시면 되겠습니다. 다만, 좀 더 짚어볼 부분이 남았습니다. 바로 성과관리에 대한 잘못된 고정관념입니다.

1. 인센티브(돈)가 직원의 동기를 유발한다

제 인생에서 딱 한 번 PS이익 공유, PI생산성 향상를 동시에 받아본 적이 있습니다. 월급의 몇 배 되는 돈이 한 번에 입금되니 기분이 좋았습니다. 약간의 애사심도 생기는 것 같았습니다. 주위 동료들도 그렇다고 했습니다. 이런 분위기는 딱 일주일 갔습니다.

사람들은 직장생활을 '호구지책'이라고 합니다. 틀린 말은 아니지만, 먹고사는 이유만으로 일하지 않습니다. 사람들은 각자 무언가 하고 싶은 욕구가 있습니다. 본인의 선택권이 있고, 좋아하는 일에 대해선 내재적 동기가 자연스럽게 발현됩니다. 하지만 돈이라는 수단이 의미 없이, 반복적으로 개입하게 되면 내재적 동기의 표출을 저해하게 됩니다.

2. 성과를 내게 하려면 쪼아야 한다

사실, 대한민국 기업의 고성과 임원 중에는 아랫사람들을 닦달해서 성과를 내온 사람들이 적잖습니다. 그런 방식이 괜찮은 사람 관리라고 생각되기까지 합니다. 압박을 가해 얻는 결과는 그저 대상자의 행동을 통제한 것뿐입니다. 자발적인 참여 없이 강제한 것뿐입니다. 리더십이라고 하기에도 부족한 방식입니다. 리더십은 자발적인 동기를 끌어내는 것이어야 합니다.

제 아들에게 어린 시절 매를 든 적이 몇 번 있었습니다. 초등학교 3학년 때도 말썽을 부려 매를 찾았죠. 장난기 어린 활기찬 표정은 온데간데없어지고 벌벌 떠는 모습이었습니다. 그때 깨달았습니다. '얘는 그저 매를 무서워할 뿐이야.' 그 후로 강압적으로 혼낸 적은 없습니다. 표피 같은, 일시적 행동의 제어를 선택할 것인가, 오래가는 내적 동기를 유발할 것인가는 리더의 결단입니다.

3. 평가는 관리자의 고유 권한이다

반은 맞고, 반은 틀린 말입니다. 시간이 지나면서 점점 정당성이 떨어지는 말이란 게 맞을 겁니다. 팀장은 팀원들을 주로 '결과'에 따라 판단할 개연성이 큽니다. 과정을 본다고 해도 일부만 볼 수 있으며, 한번 생긴 인상이 오랜 시간 동안 지속하는 편향을 가지기 쉽습니다. 관리자의 평가 역량과는 별개로 발생할 수 있는 문제입니다.

팀장 한 명에게 평가 권한을 몰아주는 것보다는 과정을 옆에서 살필 수 있는 팀원 간의 동료 평가를 일부 도입하는 게 효과적일 수 있습니다. 무조건 다면평가를 도입하자는 것은 아닙니다. 다면평가는 부작용(인기투표, 파벌 생성 등)이 확인된 바 있습니다. 동료 평가를 하되, 평가점수가 낮은 팀원들만 팀장이 하는 평가에 반영하는 등의 부분적인 도입을 권해드립니다. 동료 평가가 본인 평가에 반영된다는 점만으로도 상당한 자극이 될 것입니다.

팀장이 할 일, 경영진이 할 일

고성과 조직팀은 어떤 모습일까요? 리더십 관련 컨설팅 회사인 Blessing-White의 프레이저 말로의 글So, what does a high-performance culture look like?과 행동 분석자 조지프 폭스맨의 글5 Ways to build a high-performance team을 참고하여 아래와 같이 표로 정리해봤습니다.

팀(팀장)	고성과 조직의 특성	경영진(대표)
★경영철학 수립 과정에 팀원의 참여를 독려	명확하고 설득력 있는 기업의 경영철학	□의미 있는 경영철학 수립 □수립 과정에서 직원 참여 보장
★경영철학과 팀 목표 간의 연관성을 일상적으로 설파	잘 공유된 경영철학	□경영철학과 조직목표와 연계 □경영철학의 전사적 내재화
★팀원별 욕구 수준 파악 및 대응 ★참여 유도, 의미 제시, 선택권 부여, 재미 발굴	몰아붙이기보다는 동기 유발	□실적(결과)에 과정상의 리더십 평가를 제도화 □제안제도, 주니어보드 등 공식, 비공식적 채널 운용
★도전 목표 제시, 달성을 위한 새로운 시도	목표를 상향하여 추진	□실패하더라도 새로운 시도를 장려하는 문화 조성
★팀 내외 협동 분위기 장려 ★이해충돌 시 팀장 간 우선 소통	이해충돌 해결 & 협력 증대	□부서 간 협동에 인사평가 반영 공식화 + 포상 제도 시행
★긍정 분위기 형성 ★전문가로 포지셔닝	구성원 간의 신뢰감 형성	□경영진-팀장 간의 신뢰감 점검 □솔선수범, 일관성, 정당성 확보

고성과 조직의 특성에서 착안해서 팀장 레벨에서 할 일을 뽑아 봤습니다.

명확하고 설득력 있는 기업의 경영철학 팀장은 경영철학 수립 과정에 구성원 참여를 독려할 필요가 있습니다. 제대로 된 회사라면 경영철학이 바로 팀 목표와 연결될 것이기 때문입니다. 만약 기존의 경영철학이 사문화된 것이라면 새롭게 수립해보자고 제안해볼 수 있겠습니다.

잘 공유된 경영철학 팀장은 경영진의 명령을 실행할 소대장 같은 역할을 맡게 됩니다. 경영철학을 표현한 구호를 회의 시작에 앞서 외치는 것도 좋은 방법입니다. 20세기 CEO 명장, GE 잭 웰치는 '적어도 열 번은 말해야 직원들이 인지한다'라고 했습니다. 거기에 더해 열 번을 팀원들이 직접 말하게 하는 게 더 효과적일 것 같습니다.

몰아붙이기보다는 동기 유발 우선 팀원 개개인들의 욕구 수준을 파악합니다. 이를 더 확장해보면 가치관, 인생관 등까지 알아두면 좋습니다. 의사결정이 주목적인 회의 시 팀장은 맨 나중에 발언하도록 하고, 결정사항이 회사 차원에서 갖는 의미와 중요성을 설명해야 합니다. 아울러 팀원이 의견을 낸 부분은 일부라도 수용해서 함께 의사 결정했다는 서로의 경험을 쌓는 것이 소중합니다. 물론 재미있는 분위기에서 진행되면 더할 나위 없겠습니다.

목표를 상향하여 추진 일반적으로 달성 가능한 정도의 목표 설정을 더 선호할 것 같습니다. 하지만 고성과 조직은 그렇지 않았습니다. 목표가 올라간 만큼 도전 의식을 갖고 기존과는 다른 시도를 하게 돼 있습니다. 그러기 위해선 열심히 하는 것으로는 닿을 수 없는 목표를 설정해야 합니다. 업무 추진과 처리에 새로운 시도가 언제 있었는지 상기해보시길 바랍니다.

이해충돌 해결 & 협력 증대 팀 내에서도 개별적으로 분리된 평가 제도는 불필요한 경쟁을 야기할 수 있습니다. 팀장의 관심과 시간도 팀원 입장에서는 경쟁의 대상이 됩니다. 팀원 간에서 협력이 요구되는 활동을 제시해서 팀워크가 형성될 기회를 만듭니다. 또한, 외부 부서와 이해충돌 시에는 팀장들 간의 소통을 통해 탑다운 방식으로 해결하는 편이 시간 절약에 도움이 됩니다.

구성원 간의 신뢰감 형성 평소 일하는 분위기가 중요합니다. 그래서 요즘은 잡담small talk에 대해 언급하는 사람이 많아졌습니다. 월요일 아침에 정기적으로 티타임을 가지면서 주말에 했던 활동에 관해 얘기해보거나, 매일 돌아가며 팀 단톡방에 흥미로운 기사, 정보를 공유해보는 것도 부드러운 분위기를 형성하는 데 도움을 줍니다. 아울러 팀장은 실무 역량의 전문가로 인식될 필요가 있습니다. 팀장이 됐다는 것은 경영진으로부터 인정을 받았다는 의미겠지만, 팀원들이 인정했다는 말은 아닐 수 있으니까요. 전문가로 공인받게 되면 팀원들의 팔로우십 형성에 보탬이 됩니다.

성과관리는 관리자팀장의 주된 업무인 '일'과 '사람'관리의 종합 예술과 같은 영역입니다. 단순히 성과평가 제도 좀 손본다고 나아지지 않습니다. 또한 팀장의 개인기만으로 헤쳐나가기가 어렵습니다. 경영진의 전폭적인 지원과 전사적인 체계가 정비돼야 온전하게 팀장의 리더십이 발휘될 수 있습니다. 해결할 수 없는 문제로 고뇌와 고민에 빠진 팀장이 더는 없길 기원해봅니다

우리는 '동기 부여'라는 단어에 익숙합니다. '부여'라는 단어 때문에 '동기가 없거나 부족한 사람에게 '동기를 줄 수 있다'라는 인식을 하게 합니다. 이것은 불가능하다고 생각합니다. 사람이 근본적으로 변화하는 차원의 문제이기 때문입니다.

그럼 동기는 어떻게 다뤄야 할까요? 영어인 'motivate'은 라틴어 'movere'에서 나왔고, 이는 '움직이다, 움직이게 만들다'라는 의미가 있습니다. 우선 상대가 움직일 만한 사람인지 파악합니다. 저는 이를 '동기 씨앗'이라 부릅니다. 씨앗을 갖고 있어야 동기를 불러일으킬 수 있습니다. 이는 마치 밭에 파종한 후 물을 주고 잠시 기다리는 것과 비슷합니다. 아쉽지만 모든 씨앗이 다 싹을 틔우는 것은 아닙니다. 따라서 '건강한 동기 씨앗'을 갖고 있는 사람인지를 사전에 판단하는 것이 필요하며, 이것은 채용 과정에서 철저하게 체크하고 검증해야 할 아주 중요한 과제가 됩니다.

CHAPTER 3

실적이 좋을 때,
진짜 해야 할 일

요즘 어렵다는 기업이 많은데, 제겐 오랫동안 어려움을 겪었던 것으로 기억되는 그룹이 있습니다. A그룹입니다. 오랫동안 A그룹 계열사들과 거래를 했습니다. A그룹 어음을 받아 돌린 적이 있는데, 은행에서 할인이 안 된다고 해서 매입사로부터 욕을 먹기도 했습니다.

A그룹은 한때 잘나갔습니다. 제가 대학원에 다닐 때 A그룹의 변혁Transformation 성공사례를 특강으로 듣기도 했는데, 격세지감을 느낍니다. 2010년대 중반까지는 A그룹 분위기가 나쁘지 않았습니다. 그들은 그때 뭘 했을까요? 엄청난 차입으로 여러 회사를 인수한 탓에 빚 갚기에 급급했습니다. 소비재 기업이 완전한 중후장대 B2B 기업으로 전환되었기에 무거워진 몸을 반전시키기가 어려웠습니다. 몇 년 사이 해체된 B그룹도 비슷했습니다.

사람들은 '구조조정'하면 바로 인원 감축, 비용 절감, 자산매각 등을 떠올립니다. 틀린 얘긴 아니지만, 구조조정에는 그런 것들만 있는 게 아닙니다. 사업재편, 인력조정(충원 포함), 투자 결정 등도 수단이 됩니다. 다만, 구조조정을 매번 불경기나 사업실적 하락기에만 시행하는 모습이 외부로 부각되다 보니 부정 인식이 형성된 것이죠.

숨이 깔딱깔딱 넘어갈 때의 구조조정은 그저 '생명 연장'에만 집중하게 됩니다. 그러다 보니 우량기업도 헐값에 팔게 되기 마련이고요. 원래 구조조정은 능률을 높이고, 미래지향적인 조직으로 탈바꿈하는 것이 목적입니다. 그렇다면 실적이 좋을 때 구조조정을 해야 하는 것이 아닐까 생각해봅니다.

구조조정은 언제 해야 하나

전략기획팀에 있던 저는 성과급과 거리가 멀었습니다. 스태프 조직은 모든 사업본부가 목표를 달성해야 성과금을 받을 수 있게 설계되어 있었기 때문이었죠. 사업 모두가 잘 되기는 쉽지 않은데, 딱 한 해가 그렇게 됐습니다. 우리사주조합이 만들어지고, 성과급 일부가 주식으로 배부됐었지요.

팀 실적이 달성되면 분위기가 좋습니다. 문제 팀원에 대한 경계와 관심이 줄어듭니다. 크지 않은 문제쯤 대수롭지 않게 넘어가자는 분위기가 생기게 됩니다. 평소 사이가 안 좋았던 인사팀, 재무팀과도 별 충돌이 없게 됩니다. 하지만 실적이 좋다고 호시탐탐 우리를 노리는 경쟁사가 없어진 것도, 우리에게 까다로운 요구를 들이대는 고객들이 사라진 것도 아닙니다. 한순간 목표 대비 성과가 반짝 좋았을 뿐입니다.

얼마 뒤 미국발 금융위기가 터졌습니다. 창사 이래 처음으로 월 매출액이 전년 동기 대비 줄어들게 됐습니다. 고정자산이 얼마 없었기에 매출 감소는 현금 유동성에 즉각적인 적신호로 여겨졌습니다. 신사업을 기획하던 저까지 차출돼서 구조조정(안)을 만들었습니다. 정말 하기 싫었던 기억이 있습니다. 이런 생각이 들더군요.

'아, 이런 건 미리 했음 좋았을 텐데.'

잘 나갈 때 시작하자

구조조정을 거창한 것으로 생각하지만, 팀장도 팀 내에서 구조조정을 할 수 있습니다. 비효율적인 업무 관행과 구태의연한 고정관념을 깨는 것이라면 아무리 작은 활동이라도 모두 구조조정에 속합니다. 구조조정이란 말이 부담스럽다면 '개선 활동'으로 부를 수 있겠습니다. 팀 단위로 구조조정의 예시는 다음과 같습니다.

[성과관리]

- 실적달성에 고질적인 병목 지점Bottleneck 규명 및 대안 마련

- 저성과 고객사(또는 매입사) 거래 중단

- 실적하락의 위험도 분석 및 대응 방안 수립

- 활력 지수(신제품, 신규고객사 등의 매출 비율) 개선 방안 검토

[조직관리]

- 업무분장 재검토 및 조정

- 회의방식 개선(횟수, 내용, 방식)

- 내부 학습 방안 개선

[인력관리]

- 핵심 팀원 선정 및 육성 모색

- 문제 팀원 면담, 전속, 또는 권고사직

실적이 괜찮을 때 구조조정을 하는 것은 장점이 많습니다. 첫째, 자발적인 구조조정은 남이 시켜서 하는 것보다 팀 내외에서 정당성과 추진력을 얻을 수 있습니다. 둘째, 전사 분위기가 좋은 때라 저항을 적게 받으면서 추진할 수 있습니다. 셋째, 팀 외부의 자원을 비교적 용이하게 얻을 수 있습니다. 맘이 후할 때를 놓치지 말았으면 합니다. 진짜 구조 조정기엔 책한 권 못 사게 하는 게 회사의 생리입니다.

코로나19 유행기에 다 어려워 보였지만, 항공, 여행, 외식업 등을 제외하면 대부분 기업은 호황이었습니다. 오히려 펜데믹이 끝난 지금이 더 어렵습니다. 구조조정의 적기를 놓친 듯해서 아쉽습니다. 하지만 경기가 좋지 않을 때는 인력 시장에서 기업이 우위에 서게 됩니다. 인력 관리 측면에서 구조조정하기 좋은 시기입니다. 팀장님도 본인이 주도하는 '작은 구조조정'을 추진해보시길 권합니다.

 깨달음으로 이끄는 질문 **어쩔 수 없이 직원을 내보내야 합니다. 누구를 선택해야 할까요?**

인력 감축안 보고를 올렸습니다. 권고사직 대상자 리스트를 쭉 보시던 사장님께서 한마디 하십니다. "김 팀장, 이 친구는 빼라." "네? 지난 3년간 인사평가 저조자 중 한 사람입니다만…" "그건 아는데 얘가 산악회 총무잖아. 얘 없으면 산악회 안 굴러가." 실제 경험담입니다. 어렵게 대상자를 추렸는데, 원칙에 벗어난 사람이 살아났습니다.

이처럼 경영진의 취향, 정치 상황에 따라 달라질 수 있습니다만, 기안해야 하는 입장에선 원칙적으로 접근할 수밖에 없습니다. 첫 번째 기준은 성장성입니다. 이것은 현재 실적과는 약간 다른 얘기입니다. 위기일 때는 미래 가능성에 주목해야 합니다. 둘째, 조직 기여도입니다. 실적은 다소 떨어져도 팀워크가 좋다면 구제해야 합니다. 셋째, 조직 내에서 평판과 신망입니다. 성실함과 신뢰성을 가진 인재는 안고 가는 모습을 보여야 나머지 사람들이 뭔가 느끼게 됩니다. 인력 감축은 단지 사람을 내보내는 것만이 아닙니다. 회사가 어떤 인사정책을 취할지를 명확히 알리는 계기가 됩니다.

CHAPTER 4

비대면 시대가 요구하는
새로운 리더십

(장면 1) 2020. 4. 10

"최 과장, 이리 좀 와봐라, 왜 소리가 안 들리지?"

"제 목소리가 안 들리신다고요?"

"아니, 아니. 내 목소리가 안 들리는 것 같아. 뭐가 설정이 잘못됐나."

"팀장님 컴맹인가 봐, 화상회의 한 번 하려다 날 새겠다."

"야! 송 대리! 네 목소리는 잘 들려!"

(장면 2) 2020. 5. 7

"반갑습니다. 다들 모이셨죠?"

"안녕하세요, 올 사람은 다 왔습니다."

"네, 오늘 인터뷰는 사전에 제공해드린 질문을 바탕으로 진행하겠습니다. 우선 질문 순서대로 답을 해주시고, 추가 질문을 하는 방식으로 진행하겠습니다."

(장면 3) 2020. 6. 23

"그럼 다음 안건으로 들어가겠습니다…"

'아빠! 나랑 놀아줘~'

"음… 뭔가?"

"죄송합니다. 말씀하실 때는 마이크 끄겠습니다."

화상회의 상에서 실제 경험했던 장면들입니다. 재택근무와 화상회의는 코로나가 가져온 근무방식의 변화인데요, 펜데믹이 끝난 현재 예전의 대면 방식으로 돌아갔나요?

"화면 보고 하는 게 그게 회의인가?"

'재택근무'는 2000년대 들어 유럽에서 유행하고 있었습니다. 오랜 기간 저성장과 불황 상태였는데도 시내 중심가의 사무실 임대료는 떨어지지 않았지요. 수요는 있는데, 신축 건물은 공급되지 못했기 때문입니다. 게다가 유럽연합 체제가 되면서 자유로운 이동이 가능했기 때문에 보다 탄력적인 노동조건을 제공하는 것이 불가피했습니다. 직원 입장에서는 출퇴근 비용과 시간을 절약할 수 있는 이점이 있었고요. 여기에 임대료 절감이라는 기업의 이해가 맞아떨어져 시행된 제도 중 하나가 재택근무입니다. 당연히 화상회의와 같은 업무 툴이 수반됐습니다. 단순히 업무 효율화나 삶과 일의 균형 차원에서만 진행된 것이 아니라 이처럼 구조에 기인한 이유가 있었던 겁니다.

한국에서는 '스마트워크'라는 이름으로 유연한 근무 형태가 소개되고 일부 혁신 기업들을 중심으로 시행되고 있었지요. 초기 가장 큰 장벽은 경영진들이었다고 합니다.

"아니, 집에 있으면 일하는지 안 하는지 어떻게 알 수 있겠어?"
"의사소통이 예전처럼 원활하겠어? 화면 보고 하는 게 그게 회의인가?"
"좌석을 자율로 정한다고? 그럼 내 방 없어지는 거야?

하지만 이런 저항 뒤편에는 본인들이 익숙한 환경이 변한다는 거부감과 그것이 권력의 누수로 이어질까 하는 두려움이 있었다고 생각합니다. 코로나 사태 이후 어쩔 수 없이 재택근무를 하는 상황에서도 이런 모습은 여러 곳에서 볼 수 있었습니다.

"우리 회사는 팀장 이상 재택근무 금지예요."
"이사님이 코로나 상황이니 매일 점검 회의를 하자셔요. 재택은 못 하는 거죠."
"맨날 출근하라는데... 팀장은 코로나 안 걸리나 봐요. 허허... 참..."

재택근무 도입을 둘러싼 찬반

현실은 아직 정리되지 않은 것 같지만, 어느 시점부터는 재택근무에 대한 호의적인 반응이 커지고 있습니다. 상당수의 인사담당자가 포스트 코로나 시대에도 재택근무는 유효할 것이라고 응답한 조사 결과도 있었습니다. ([경험 못한 경제 2020]⑤'선택'이 된 출퇴근 "재택근무할 만하다", 한국일보, 2020.12.20) 애초 우려와는 달리 직원들이 사무실에 출근하지 않아도 업무를 진행하는 데 별다른 문제가 없음을 인지하기 시작한 것입니다.

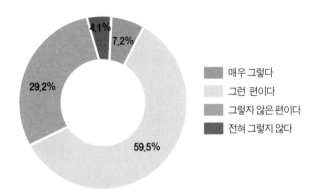

고용노동부 2020년 9월 발표한 재택근무활용실태 설문조사.
잡플래닛에 위탁해 사업장의 인사담당자 400명과 근로자 878명을 대상으로 조사한 결과.

재택근무 업무 효율성

과거엔 사실 반론이 만만치 않았습니다. 스티브 잡스는 생전에 창의성을 위해 사무실에서의 협업이 중요하다고 피력한 바 있으며, IBM, 자포스, 야후 등의 기업들은 재택근무 제도 자체를 폐지하기까지 했었거든요. 하지만 경험하지 못한 시대가 도래했고, 코로나 이전 세상으로는 돌아갈 수가 없게 됐습니다. 기술이 발전하면서 재택근무의 부작용을 줄이는 데 기여하고 있습니다.

　최근 한 중견기업의 인사 담당자와 근무 형태의 변화에 대해서 나눈 대화를 간략하게 옮겨 봤습니다.

　Q 재택근무를 원래 시행하고 있었나요?

　A 코로나 이전에는 10% 정도 인력들에 대해서 제한적으로 시행하고 있었습니다.

　Q 그때는 인사부서에서는 어떤 관리를 했었나요?

　A 재택근무 시작, 종료 보고나 근무일지 정도의 양식을 배포해서 전자결재를 올리게 한 정도입니다. 수가 많지 않았고, 일이 몰리지 않는 직원 위주로 돌아가면서 하고 있어서 크게 신경을 쓰지 않은 게 사실입니다.

　Q 코로나 이후에는 어떻게 됐나요?

　A 우선 회사에 출근하는 것 자체가 위험한 상황이 돼버렸기 때문에 심각한 이슈였지요. 현재는 대략 50% 이상의 직원이 재택근무를 하고 있습니다. 초기 우려와는 달리 절반만 출근해도 업무 진행에 무리가 없다는 판단입니다. 한 달 전에는 임대하고 있던 사무실 세 개 층을 두 개 층으로 줄이는 결정을 내렸습니다. 계약 기간이 만료되는 여름부터는 비용 절감이 상당할 것으로 기대하고 있고, 이 부분의 일부는 직원 복지 기금으로 활용하려고 합니다.

Q 재택근무가 확산하며 나타난 장·단점은요?

A 우선 직원 만족도가 높습니다. 출퇴근에 두 시간 이상 소요되는 직원들이 많았거든요. 화상회의로 업무를 진행하다 보니 쓸데없는 회의 시간이 줄었다고들 합니다. 다만, 몇몇 임원들은 재택근무에 대해 좋지 않은 시각이 팽배했어요. 원활한 의사소통에 문제가 있다고 말이죠. 팀 미팅은 줄었지만 1:1 미팅이 늘긴 했는데, 보완책을 찾고 있습니다.

Q 재택근무가 안착한 느낌을 받습니다. 가장 주요한 요인은 뭘까요?

A 무엇보다 CEO의 의지가 아닌가 싶습니다. 확대를 앞두고 내부에서 논란이 심했거든요. 사실 우리 부서에서 우려와 걱정이 더 많았습니다. 그럼에도 의사결정은 내려졌고, 코로나 유행이 거듭되면서 다들 이해하고, 안정화된 것 같습니다.

재택근무가 팀에 미치는 영향

기본적으로 위와 같은 양면성이 있다는 점을 인식한 상태에서 팀 단위에 미치는 영향에 대해 살펴보겠습니다.

- 일상적인 관리가 어려운 환경이 됩니다. 팀원들을 한자리에 모을 기회가 줄어들고요. 따라서 과거의 관리와는 다른 기법이 필요합니다.
- 팀원들이 일하는 공간은 회사가 아닌 집이기 때문에 가사와 육아에도 신경 쓸 수밖에 없습니다. 근무 중이지만 각자 처한 상황을 배려해줄

필요합니다.

- 재택근무는 노트북 하나 갖고 여기저기 떠돌며 일하는, 소위 '디지털 노마드' 같이 일하는 건 아닙니다. 주로 젊은 직원들 사이에서 퍼진, 잘못된 인식인데, 바로잡아야 합니다. 역으로 재택근무 시행을 일종의 복지 혜택으로 생각하는 일부 상사도 존재하는 것 같습니다.

- 자주 모일 수 없다 보니, 개인주의 풍조가 퍼져 협동의 분위기가 잘 만들어지지 않습니다. 또한, 혼자만 근무하고 있다는 외로움과 고립감에 빠질 수 있습니다.

팀장이 해야 할 일

1. 팀 내 역할과 책임이 명확한지 재점검합니다.

상당수의 조직에서 역할과 책임이 불분명한 채로 일이 진행되는 것을 목도할 수 있습니다. 이 같은 현상이 관성화, 만성화되면서 특정 팀원에게만 일이 몰리고, 무임승차자가 만들어집니다. 사무실에서는 팀장이 개입할 수 있는 시공간적 환경이 되지만, 재택근무 시에는 그런 관리방식이 거의 불가능에 가깝습니다. 따라서 현재 업무 중 회색지대가 없는지, 일이 공정하게 분배되고 있는지를 평소보다 자주 살펴보고 구분과 조정을 명확히 하는 것이 필요합니다.

2. '협업' 근무 시간에 대해 정의를 합니다.

얼마 전 상사의 메신저 호출에 즉각적인 응답을 못 해 질책당했다는 타사 직원의 하소연을 들었습니다. 재택근무는 가정이라는 공간에서 일한다는 점을 이해해야 한다고 봅니다. 갑작스럽게 잠시 외부에서 볼일을 보고 올 수도 있습니다. 그렇기에 호출에 빠른 반응을 하는 시간대를, 가령 10~11시, 14~16시 등으로 설정해두고, 회의나 협업 관련 활동 등은 가급적 이 시간에 진행하는 것이 바람직합니다. 이러면 근로시간과 휴게시간의 경계가 모호한 문제점을 해소하는 데에도 도움을 줄 수 있습니다.

3. 업무 진행 상황은 더 투명하게 공유합니다.

과정상의 관리가 어렵기 때문에 결과로 판단할 여지가 커지게 돼 있습니다. 그 과정을 관리하는 방식을 예전과는 다르게 진행하면 보완할 수 있다고 생각합니다.

재택근무자들은 '회의를 위한 회의'가 줄고, 시간이 짧아져서 좋았다고

출처 먼데이닷컴 홈페이지

합니다. 각자의 공간에 있는 상태로 화면에 모였기 때문에 권위주의적인 부분이 덜 느껴졌다는 평도 있습니다. 이와 같은 장점을 극대화하기 위해 온라인 협업 툴을 이용하는 것을 추천합니다. 특히 트렐로Trello나 먼데이 닷컴Monday.com 등은 현재 일의 진척도를 시각화하여 개인별로 보여주는 데 강점이 있습니다. 함께 진행 상황을 공유와 협의를 한다면 자연스럽게 '자율적 감시'가 작동하게 되고, 숨어있던 무임승차 팀원을 찾아내는 부수 효과까지 기대할 수 있습니다.

4. 회의는 가급적 짧게 진행합니다.

화상회의는 상당히 피곤하게 느껴집니다. 저만 그런가 싶었는데 대부분의 팀원도 비슷하게 느끼고 있더군요. 근거 없는 반응은 아니었습니다. (참고: 코로나19: '줌' 영상통화 뒤에 몰려오는 피곤⋯ 전문가가 말해준다, BBC뉴스, 2020. 5.3) 따라서 화상회의는 가급적 짧게 하는 것이 권장되며, 이를 위해 팀장은 회의 내용을 사전에 자세히 공지하는 것이 바람직합니다.

5. 사무실에 모두 출근하는 날을 정합니다.

개별 출근제 실시로 전 직원 동시 출근은 어렵겠지만, 팀 단위로 날짜를 정해 함께 출근하는 것이 필요합니다. 물론 중요한 의사결정이나 대면 협업이 필요한 경우에 한해서입니다. 모처럼 대면 기회를 살려 팀원에게 개별 피드백을 하고 팀 소속감을 높이는 계기가 되면 좋겠습니다.

6. 근무상황 전반에 걸친 피드백을 받습니다.

효과와 만족도뿐만 아니라 건설적인 의견이나 제안을 받아 봅니다. 팀원들의 투표를 통해 베스트 의견 시상을 해보시길 추천합니다.

새로운 환경, 새로운 리더십

재택근무나 화상회의는 일하는 방식의 변형된 유형이며, 결과로 승부해야 하는 비즈니스 기본 원리는 변하지 않았다고 생각할 수 있습니다. 또한, 코로나 상황이 지나가면 예전으로 회귀할 것이라 보는 견해도 있었습니다만 현실은 우리의 생각과 꼭 일치하지는 않습니다. 하지만 최근 기술의 발전은 과거와는 완전히 다른 양상을 보입니다. 변화의 속도가 무척 빨라졌고, 폭도 상당해서 비즈니스 자체를 바꾸고 있는 형국입니다. 단순히 변화가 아닌, '진화'라고 부를 만합니다. 진화는 역행할 수 없는 변화를 일컫는 말입니다.

이처럼 상황이 급변해야 새롭게 주도권을 잡을 기회가 생깁니다. 팀장 입장에선 적극적으로 임하는 것이 생산적이라고 봅니다. 우선 화상회의 툴에 대해 자신감을 가질 수 있도록 실행 연습을 여러 번 하시기 바랍니다. 상대에게 화상회의 툴 작동에 서툰 모습을 보인다는 것은 회의 시간에 늦어 허둥대는 것 같은 낭패를 초래할 수 있습니다.

아울러 새로운 환경에는 젊은 MZ세대 팀원들이 더 적응을 잘하게 마련입니다. 이들에게 배울 점은 빨리 배우고 요청할 부분은 협조를 구하는 게 좋습니다. 새로운 리더십은 팀원들과 함께 만들어 가야 합니다. 앞으로 도래할 시대에는 더욱 그렇게 될 것입니다.

제가 만나본 대부분의 팀장님은 재택근무를 포함한 유연 근무 제도에 호의적이었습니다. 적잖은 경영진들도 그렇게 느끼는 것 같습니다. 계속 확산할 것으로 생각됩니다. 결국엔 어떤 결과를 낳게 될까요?

위 사례대로 사무실 임대 축소는 이미 진행되고 있습니다. 불경기 여파까지 더해져 도심 오피스 공실률은 상승하고 있고요. 임대업, 부동산업의 기대수익률 하락이 현실화됐습니다. 또한 '정규직 일자리' 감소로 귀결되지 않을까 합니다. 유연 근무가 보편화하면 굳이 정규직을 예전만큼 쓸 필요가 없어집니다. 다만, 실력 있는 전문가급 프리랜서들의 입지는 더욱 강화될 겁니다. 멀리 떨어진 회사에 파트타임으로, 여러 곳을, 동시다발적으로 근무할 기회가 생기기 때문입니다. 이처럼 '비대면 근무' 환경은 단순히 사무실이라는 물리적인 공간뿐만 아니라 일하는 사람들의 미래까지도 바꿀 수 있다는 예상을 해봅니다. 새로운 위험과 기회가 동시에 닥칠 것입니다.

CHAPTER 5

인사이트를 주는 영화 4선

개인적으로 영화를 참 좋아합니다. 코로나 사태 이전엔 한 달에 두세 번은 영화관을 갔습니다. 넷플릭스와 왓챠의 구독자고요. 왓챠에서, 예전에 본 영화를 1,000편까지 찍어보다 '내가 정말 영화를 많이 봤구나' 깜짝 놀라기도 했습니다(참고로 1,000편 감상 시간을 대략 따져보면 3달 정도 됩니다).

영화란 매력넘치는 매체입니다. 비교적 짧은 시간에 의미와 공감을 얻을 수 있었지요. 뭔가 느낄 수 있고, 얻을 수 있는 영화를 찾아보려고 했습니다. 그 해석은 제가 받아들이기 나름이었지만요. 영화적 재미가 있을 뿐 아니라, 비즈니스 영화로 누구에게나 권할 만한 여덟 편을 뽑아 봤습니다. '인사이트'와 '위로' 두 부분으로 나눠 말씀드리겠습니다.

실리콘 밸리 전쟁 Pirates of Silicon Valley

스티브 잡스와 빌 게이츠의 대학 시절부터 창업 초기까지를 그린 영화입니다. 약간 B급 영화 같은 느낌이 나는데, 개봉 영화가 아니라 TV 영화라 그렇습니다. 그렇다고 내용이 떨어지는 것은 아니고요. 보시면 아시겠지만, 원제인 '실리콘 밸리의 해적들'을 그대로 썼었다면 좋았겠다는 느낌입니다. 실제 이 둘은 복제의 달인들이었거든요.

신제품 개발의 보물창고는 제록스의 '팔로알토 연구소'였습니다. 잘 알려지지 않아 그렇지, 이곳에선 GUI Graphic User Interface, 마우스, 이더넷 Ethernet, 프린터 드라이버 등의 컴퓨터 관련한 기반 요소들을 이미 개발해뒀습니다. 하지만 상용화는 애플과 마이크로소프트가 이뤄서 큰돈을 벌게 됩니다. 둘 다 해적인 셈입니다. 더 영악했던 건 분명 '빌 게이츠'였습니다.

애플의 GUI 기반 컴퓨터를 보고 나서 이마저 훔치겠다고 마음먹은 빌 게이츠는 애플의 하청을 빌미로 새로운 맥을 받아오고, 이를 모방해서 '윈도우즈' 운영 체제를 만듭니다. 사실 IBM에 팔아먹었던 'DOS'도 무명의 프로그래머에게 몇만 불에 산 것이었습니다. 이를 알게 된 스티브 잡스가 빌 게이츠에게 불같이 화를 내게 되는데, 빌 게이츠는 이렇게 답합니다.

"내가 베꼈다고? 너도 팔로알토에서 훔쳤잖아!"
자리를 떠나는 빌 게이츠. 사실을 인정할 수밖에 없던 스티브 잡스가 자위하듯 말합니다.

"그래도 우리가 너네보다 나아. 우리 것이 더 낫다고"

빌 게이츠의 일침. 최고의 대사입니다.

"넌 뭘 모르고 있어, 스티브. 그런 건 중요한 게 아냐."You don't get it, Steve.
That doesn't matter.

🔅 팀장에게 인사이트를

회사는 다양한 조직으로 구성됩니다. 실적을 달성해야 하는 같은 목적이
있지만, 부서 간의 이해관계는 전혀 다를 수 있습니다. 같은 공간에서 일하
고 있다고 남들도 다 내 맘 같을 거라는 생각은 순진한 것일 수 있습니다.

해외 영업을 할 때, 신규 제품 개발을 논의하던 중 바이어의 샘플 요청이
있었습니다. 저는 기술개발부서에 관련 사항을 전달하고, 제작을 의뢰했
지요. 샘플이 전달되고, 바이어에게서 승인됐다는 소식을 받았습니다. 발
주가 유망했던 상황이었습니다. 생산부서와 양산을, 구매부서와 원부자재
수배를 논의하던 중 문제를 발견했습니다. 하나 두 개 만들 때는 가능한데
생산라인에 태우면 양산이 쉽지 않다는 거였습니다. 게다가 고급 원자재
를 썼기 때문에 이 단가엔 적자가 날 거라는 얘기였습니다. 기술개발부서
는 쓸데없이 기대 수준 이상의 샘플을 만들어냈던 겁니다.

잘 팔리는 제품은 '합리적인 가격에, 합리적인 성능을 갖춘 제품'입니다.
최고일 필요는 없다는 말입니다. 만들거나 제공하려는 재화와 서비스의
수준을 동일한 이미지로 공유하는 것이 매우 중요합니다. '작품'이 지향하
는 틈새시장인지, '제품'이 지향하는 주류시장인지를 정하는 것도 필요하겠
지요. 핵심은 하고 싶은 것보다는, 잘 할 수 있는 제품을 시장의 니즈 맞게

회사 내부를 정렬시키는 것입니다.

스티브 잡스는 만들고 싶은 제품을 만들었고, 빌 게이츠는 팔릴 만한 제품을 만들었습니다. 현실상 우리는 팔릴 만한 '상품'을 만들어야 합니다. 좋은 제품이 잘 팔리는 게 아니라 잘 팔리는 게 좋은 제품입니다. 그런 면에서 비즈니스 측면에서 빌 게이츠가 스티브 잡스보다 먼저 앞서갔단 생각을 해보곤 합니다.

머니 볼Moneyball

'빅 데이터'의 위력에 관련해서 자주 언급됐던 영화입니다. '빅 데이터'는 대개 비정형 데이터에서 함의를 뽑아내는 건데, 영화에 등장하는 데이터는 빅 데이터가 아닌, 선수들의 경기 성적이었습니다. 어디서 뚝 떨어진 데이터가 아니라 구단들 모두가 이미 알고 있던 것이었습니다. 가지고 있는 정보의 효용성은 내가 어떤 시각을 가지냐에 따라 달라진다는 것이 이 영화의 핵심이라고 할 수 있습니다.

메이저리그 만년 꼴찌, 오클랜드 애슬래틱스. 성적도 부진한데 돈이 없는 구단 사정으로 그나마 쓸 만한 선수들을 타 구단에 넘길 수밖에 없었습니다. 구단주 빌리 빈(브래드 피트 분)은 선수 스카우트를 위해 타 구단에 갔다가 피터 브랜드를 만납니다. 별것도 아닌 친구 같은데, 상대 구단주는 피터에게 계속 조언을 구합니다. 미팅이 끝난 후 빌리는 피터를 찾아갑니다. 여러 얘기 끝에 빌리에게 호감이 있던 피터는 이렇게 얘기해줍니다.

"선수를 사는 게 아니라, 승리를 사야죠."

"승리하려면, 출루를 사야지요."To buy wins, you buy runs

저는 이 대사에 머리를 한 방 맞은 것 같았습니다. 야구라는 업의 진짜 본질을 꿰뚫는 말이었습니다. 오클랜드 구단의 기존 스카우트들은 선수의 성격, 부상, 사생활 등을 가지고 영입 여부를 판단하고 있었거든요. 야구란 결국 누상에 주자를 많이 내보내서 점수를 얻는 팀이 승리하는 게임입니다. 그러기 위해선 출루율이 높은 선수를 영입하는 게 맞는 얘기지요. 그 외 것은 지극히 부차적입니다.

팀장에게 인사이트를

도매 영업을 전국 단위로 하며 지낸 시절이 있었습니다. 연간 100일 넘게 출장을 다니면서 나름 열심히 하고 있었는데 실적이 크게 향상되지 않아 실망이 컸습니다. 그러다 이 영화를 보고 사업 성공의 본질에 대해 생각하게 됐습니다. 성공요소에는 흔히 낮은 매입가, 친절한 서비스, 빠른 배송 등이 있습니다만, 이 같은 일반적인 성공요소들 외에 다른 것이 있다는 걸 깨달았습니다. 그것은 바로 업계의 '관계'라는 벽이었습니다.

새로운 관계를 형성하기 위해선 새로운 비즈니스 룰이 필요했습니다. 매입에서는 중요 메이커 중 대리점 체계가 약한 고리부터 공략했습니다. 매출에서는 고객사의 고객사를 공략해서 인텔 인사이드의 'Push & Pull'이 작동하는 마케팅 구조를 만들었습니다. 안면, 인연, 업력이 중요한 시장이 었지만 철저히 이윤과 실리 중심으로 시장이 점차 재편되기 시작했습니다. 우리는 5년 만에 해당 시장 점유율 1위의 업체가 되었습니다.

기획안을 작성할 때, 조금 더 나아 보이기 위해 이것도 붙여 보고, 저것도 붙여 보려는 유혹이 듭니다. 마치 크리스마스트리를 꾸미는 것과 같습니다. 별을 붙이고, 조명도 달듯이. 하지만 너무 많아지면, 조화가 깨질 뿐만 아니라 트리가 견디지 못합니다. 결국 핵심은 하나이고, 그것이 전부입니다.

땡큐 포 스모킹 Thank You For Smoking

장르가 '코미디'이기 때문에 가볍게 볼거리만 제공할 줄 알았는데, 여러 가지 묵직한 생각거리를 던져 주는 영화입니다. 담배 제조업계를 대변하는 가상 조직, '담배 연구아카데미'의 닉(에런 엑하트 분)이 주인공입니다. 그는 담배 유해성에 대한 대중의 의구심을 불식시키고, 교묘하게 프레임을 바꾸는데 천재적인 인물입니다.

그의 활약 중 결정적인 한 장면은 '조안'이라는 토크쇼에 출연한 것입니다. 흡연의 폐해라는 주제에 나온 패널들은 15살 청소년 폐암 환자(윌리거), 전국 폐 건강협회장, 청소년흡연 반대부모회장, 흡연의 유해성을 입증하려는 의원실 보좌관 등으로 그에겐 100% 적대적인 환경입니다. 방청객도 야유를 보내며, 적대감을 드러냅니다. 토크쇼가 시작하려는 데, 그가 선제적으로 입을 엽니다.

닉 : "윌리거(청소년 폐암 환자)가 죽으면 우리는 고객을 잃는 것이죠. 저는 윌리거가 살아서 흡연을 계속하길 희망합니다."

보좌관 : "아니, 그게 무슨 소립니까?"

닉 : "잠시만요, 한 가지만 설명해 드릴게요. 론 구디 씨(보좌관)는 윌리거가 죽길 바랍니다. 그래야 의회 예산을 딸 수 있거든요. 당신은 창피한 줄 알아야 합니다."

보좌관 : "뭐라고요?"

닉 : "사실은 말이죠, 우리는 5천만 불 상당의 청소년 금연 캠페인을 시작할 예정입니다. 여러분들 모두 동의하듯이 우리나라 청소년보다 더 소중한 것은 없으니까요."Because I think that we all agree that there is nothing more important than America's children

그는 '돈'을 수단 삼아 상대를 비열한 존재로, 담배회사는 좋은 일을 하는 존재로 프레임을 바꿨습니다. 그리고 누구나 수긍하는 명제에 자신들을 엮었죠. 그는 청중들의 환호까지 받게 됩니다.

팀장에게 인사이트를

우리는 일을 하면서 대부분 녹록지 않은 순간과 맞닥뜨립니다. 열심히 준비한대도, 사전에 검토한 시나리오대로 진행되지 않는 경우가 더 많지요. 이럴 경우 어떻게 해야 할까요? 여러 방법 중 하나가 '구도'를 바꾸는 일이라고 생각합니다. 대부분의 사실은 양면성을 가지고 있고, 가치관에 따라 다르게 판단하는 경향을 가지고 있습니다. 누구나 인정할 만한 절대 명제에 연계됐음을 설득할 수 있다면 자기 일의 정당성을 자연스레 확보할 수 있습니다.

청소년 흡연 예방 캠페인을 담배회사가 한다고? 생각하실 수 있습니다. 영화 같은 얘기라고 하실 수 있는데요, 2004년에 다국적 담배회사 중 하나가 실제로 국내에서 벌인 캠페인이기도 합니다. 이들은 왜 자신들의 사업에 피해를 줄 수 있는 캠페인에 나섰을까요? 진짜 그들은 청소년들이 금연하길 원하는 걸까요?

저는 이런 캠페인 자체가 청소년들의 흡연 관심을 높인다고 봅니다. 청소년 시기부터 흡연을 시작한 사람이 더 오래 흡연을 한다는 것을 이미 담배회사는 알고 있거든요. 청소년에게 담배를 판매하는 것은 불법이니까 이상한 캠페인을 구상해냈습니다. '담배는 생각하지 마'라고 하면 담배 생각이 더 나게 마련이니까요.

전략을 짤 때, 토론을 준비할 때, 프레임을 바꿀 수 있다면 세세한 것들은 아주 쉽게 해소될 수 있습니다. 비슷한 고민을 하시는 팀장님들께 이 영화를 추천합니다.

포드 v 페라리 Ford v Ferrari

자동차 산업은 20세기를 대표하는 주요 산업이었습니다. 두 차례의 세계 대전과 오일쇼크 등의 경제적 어려움이 있었지만, 반대급부로 자동차가 대중화되는 백 년간의 모습을 보여줬습니다. 일본의 자동차 산업이 크게 일어나지 않았던 1960년대, 자동차 산업의 양대 축은 유럽과 미국이었습니다. 미국은 대량생산 체제를 바탕으로 값싼 자동차를 보급하고 있었고, 대전 이후 출생한 베이비부머들이 성인이 되면서 차를 필요로 하는 수요 폭발의 시대였습니다.

이런 호황에도 불굴하고 당시 포드는 판매 대수가 계속 감소하고 있었습니다. 이는 'T-모델'로 대표되던 미국 대량생산체계에 젖어 있던 포드의 기업문화와 관련됐습니다. 경쟁자 GM제너럴 모터스의 경우 천편일률적인 자동차 시장에 최초로 소비자의 입맛에 맞는 여러 차종을 제공하기 시작했습니다. 대량생산에 제품차별화 개념을 도입하기 시작한 것이죠. 유럽 메이커들은 계속 고급 시장을 점유하고 있었고요. 포드 입장에선 마치 호두까기 사이에 낀 호두알 같았습니다. 그래서 지루해진 포드의 이미지 쇄신을 위해 페라리의 인수를 논의하게 됩니다. 이를 결정하는 임원 회의에서 레오 비브 이사는 페라리의 생산 대수를 들먹이며 반대합니다. 이에 리 아이아코카(훗날 크라이슬러 회장)는 반박합니다.

레오 비브 : "리 아이아코카, 당신의 마케팅팀은 지난 3년간 최악의 실적이었어요. 왜 회장님이 당신의 말을 들어야 하죠?"

리 아이아코카 : "우리가 잘못 생각했기 때문이죠. 페라리는 르망24에서 계속 우승을 하고 있어요."

레이 비브 : "걔네 1년 치 생산량이 우리 하루 생산량보다 적어요. 우리가 걔네들 사고방식을 따라야 한다고요?"

이 아이아코카 : "엔조 페라리는 역사상 최고의 자동차 설계자로 기억될 겁니다. 차를 많이 팔아서요? 물론 아니죠. 그건 그가 만드는 차가 의미하는바 때문이죠. 우승이죠. 페라리는 르망을 제패하죠. 사람들은 그런 승리를 원하고 있어요."

"Its' because what his cars means. Victory. Ferrari wins Le Man. People⋯

They want some of that victory."

결국 회장의 결심을 얻어 페라리 인수를 추진하게 되죠. 물론 페라리로부터 모멸적인 거절을 당하게 되고 자체 생산을 통해 르망24 우승에 도전하게 됩니다.

🔦 팀장에게 인사이트를

새로운 경영기법이나 영업방식을 도입할 때 늘 따라다니는 것이 '그게 되겠어?', '그거 없이도 잘 해왔어.', '된다고 누가 책임질 거야?'라는 말들입니다. 조직 전반에 영향을 주는 만큼 면밀한 검토가 필요하겠습니다만, 과거의 습관에 안주하면서 무조건 반대부터 하는 현상은 자주 목격됩니다. 신규 사업을 추진할 때 기존 사업을 담당했던 사업부장의 극렬한 반대가 생각납니다. 논리는 없는 지극히 감정적인 반응이었습니다. 사업이 안착할 때까지 한 번도 찬성하질 않았습니다. 아마도 본인의 입지에 좋지 않은 영향이 있을까 염려하지 않았나 싶습니다.

팀 내에서 의사소통 수단, 업무 툴 등을 함께 쓰는 것 자체가 어렵기도 합니다. 단순히 지시로만 모든 팀원의 자발적인 참여를 끌어내기 힘든 순간이 있지요. '어떻게'보다는 '왜'에 집중해야 할 순간입니다. 단번의 지시로 끝내고 싶은 욕구를 참아야 합니다. 그래야 과거의 습관에서 벗어나게 할 수 있으니까요. 지금 한번 생각해보세요. 최근에 어떤 시도를 새롭게 해봤는지, 그것을 팀 내에서 어떻게 설득하고 실행해봤는지 말입니다. 혹시 과거의 영광에 만족하고 있지는 않은지요?

서점에 가보면, 경영 관련 베스트셀러 중 상당수가 실리콘밸리 기업, 국내 유명 기업의 사례를 담은 책입니다. 최고가 어떻게 하고 있는지 궁금함을 넘어 '최고가 되려면 최고한테 배워야 한다'는 생각 역시 판매량을 끌어올리는데 한몫하는 것 같습니다. 벤치마킹한다고 하는데, 왜 우리 회사는 그렇게 되질 않는 것일까요?

첫째, 좋은 사례를 그저 우리 회사로 '이식'해오려고만 해서입니다. 환경이 다르고 문화가 다른데, 가져온다고 다 성공할 수는 없습니다. 둘째, 우리 것으로 만들지 않아서 그렇습니다. 새것을 도입은 했는데, 기존 것과 비교 및 검토 없이 실행하려고 합니다. 셋째, 외부 사례를 맹신하는 풍조 때문입니다. 희한하게도 내부 직원의 말보다 바깥사람의 말을 신뢰하는 사람들이 있습니다. 벤치마킹은 답을 슬쩍 베껴오는 행위가 아니라 자사의 역량과 프로세스 전반을 재검토하는, 실로 힘들고 어려운 활동입니다.

PART 3

팀장을
살아낸다는 건

CHAPTER 1

외로움이 내게로 왔다

앞선 글을 통해 '부팀장'을 두시라 제안한 바 있습니다. 팀제의 애초 목적과는 거리가 있지만, 팀장이 고려할 만한 현실 대안이라고 생각합니다. 부팀장은 장차 팀장이 될 재목이고, 팀원 중에는 부팀장이 될 만한 재원을 미리 챙겨볼 계기로 삼을 수 있습니다.

제게는 부팀장 후보가 될 만한 팀원 하나가 있었습니다. 직위는 낮았지만(대리) 제 뒤를 이을 사람이 돼주길 바랐죠. 사무실 자리 배치를 '팀장 - 부장 - 과장 - 대리' 순서가 아니라 '팀장 - 대리 - 부장 - 과장' 순으로 했습니다. 다른 팀원들에게 보여주고 싶었습니다. 얘가 부팀장이 될 후보다.

어느 날, 부팀장에 대한 언질을 줘야겠다고 생각했습니다. 이런저런 얘길 하다 의향을 물었습니다.

"이제 너도 장차 팀장이 될 준비를 해야 하지 않겠어? 당장은 부팀장을 맡아서 팀장 되는 연습을 하면 좋을 거야."

잠시 말이 없던 그 친구가 입을 열었습니다.

"저는 팀장 되기 싫어요."

순간 정신이 혼미해졌습니다. 당황해서 말이 많아졌습니다. 팀장이 되면 좋아지는(?) 점에 대해 구구절절 설명하기 시작했죠. 팀장 수당이 생겨서 연봉 올라가고, 팀원 평가권을 가질 수 있고 등등. 책임질 일이 생기고 가끔 욕을 먹지만 조직에 있다 보면 다 그런 거라 했습니다. 직장생활이 원래 욕 먹는 대가로 월급 받는 거라고요.

"그런 것 때문이 아니에요."라면서 고개를 젓더군요. 재차 이유를 묻자 한참 뜸을 들이더니 입을 뗐습니다.
"팀장은 외로워서 싫어요."

팀장은 결단 앞에서 혼자다

승진해서 자리가 올라가면 점점 외로워진다고 합니다. 왜 그럴까요? 권한을 갖게 되고, 의사결정을 하게 되며, 이는 타인에게 영향을 끼치는 결과를 초래하죠. 그 결과는 기분 좋은 경우보다 속 아픈 경우가 훨씬 많고요. 저 역시 그런 순간에 좌절할 때가 많았고, 그 모습이 외로워 보였나 봅니다. 결단을 내려야 하는 순간과 결과를 받아들여야 하는 순간엔 혼자일 수밖에 없으니까요.

20XX년 회사는 이미 3개월 치의 급여지급을 못 할 만큼 상황이 좋지 않았습니다. 다행히 불합리한 운영으로 위기에 몰린 건 아니었어요. 우리가 출시한 제품의 평판이 좋았기 때문에 조금만 참으면 나아질 거란 희망으로 버티고 있었죠. 어느 날 사장님 호출이 있었습니다.

"김 팀장, 우리 이번에 A사 수주에 뛰어들었잖아. 조금 전에 낙찰이 되지 않았다고 연락이 왔어. 휴우. 알다시피 지금 회사에 현금은 바닥이네. 인력 감축을 위해 팀에서 세 명을 골라 다음 주까지 보고해줘."

현실을 뻔히 알고 있었던 만큼 한마디도 못 하고 나왔습니다. 관련 사항을 인사팀장에게 물어봤습니다.

"들으신 대로 상황이 그렇습니다. A 팀장, B 팀장한테는 아예 권고사직 통보를 했고요. 그래도 김 팀장님은 남으실 수 있습니다. 재무팀에서 적지만 자금을 융통할 듯하니 지켜보시죠."

차라리 내가 나가는 게 낫겠다

우선 팀에서 선임이고, 가장 능력 있는 팀원을 골랐습니다. 실력이 있는 만큼 다른 곳으로 이직을 쉽게 할 친구였습니다. 다음은 실적이 좋지 않은 팀원 중에서 골랐습니다. 경력직이었지만, 입사한 지 얼마 되지 않아 당장 매출에 기여하기 힘든 친구였습니다. 하지만 한 명을 더 고르기가 쉽지 않았습니다.

'이럴 거였으면 내가 잘리는 게 낫지. 내가 잘리는 게 나아.'

불면의 밤은 그렇게 지나고 있었습니다.

다음 날, 사장님께 인원 감축 대상자가 적힌 보고서를 올렸습니다.

"아니, 김 팀장, 내가 세 명을 올리라고 했는데, 왜 둘뿐인가. 회사가 어려워서 그랬는데, 팀장인 자네가 결심을 해줘야지. 자네 팀에서 두 명만 감축하겠다고 고집 피우는 건가?"

"아닙니다, 사장님. 저희 팀원 중에는 두 명 이상 감축하기 어렵습니다."

이해할 수 없다는 사장님께 조용히 봉투를 내밀었습니다.

"사장님, 제가 사표를 내겠습니다. 그러면 세 명이 채워지지 않습니까. 그러니 팀원은 둘로만 해주십시오. 남은 팀원들이 합심한다면 기본 업무는 끌고 갈 수 있을 겁니다."

사장님과 한참을 얘기했습니다. 아껴 두셨다는 양주 한 병을 안주도 없이 다 비웠습니다. 문득 사장님의 불쾌하고 낙심하는 얼굴이 저와 닮았다고 느꼈습니다. 다행히 사장님께서 두 명만 감원하는 것으로 결단해 주셨습니다. 퇴직자들에겐 한 달 치 위로금까지 챙겨 주는 거로 했습니다.

내 맘 알아주는 사람 하나 없네

곧이어 팀원들을 모아 놓고, 회사 사정과 감축 계획에 관해 설명했습니다. 실력 좋은 팀원은 크게 당황하지 않는 모습이었고(후일 들어보니 이미 타사로 이직하기로 돼 있었답니다), 다른 팀원은 상당히 분개하는 모습이었습니다. 그동안 쌓인 스트레스를 한 번에 쏟아 놓더군요. '이것도 팀장이 할 일이려니'하고 다 들어줬습니다. 두 팀원이 나간 후 남은 팀원들의 불평이 이어졌습니다.

"팀장님, 저희끼리 이 많은 업무를 어떻게 다 처리합니까?"

"고객사에서 O 과장(나가는 직원) 업무처리에 문제가 많다고 연락이 왔습니다. 업무 인수인계도 안 해줄 거 같은데 누가 맡아야 하죠?"

'하아… 다들 제 살길 찾기 바쁘구나. 이런 친구들을 위해 내가 사표를 냈었던가.'

"저기, 퇴근 시간도 다 됐으니까. 일 얘기는 내일 하도록 하지."

다들 퇴근한 텅 빈 회의실에서 혼자 창밖을 쳐다봤습니다. 노을이 지는 저녁 퇴근길로 북적이는 사람들이 보였습니다.

'사람들이 저렇게 많은데, 내 맘 알아줄 사람 하나 없구나.'

외로움은 팀장의 숙명

권한과 자격을 받은 리더에겐 '외로움'이 별책부록처럼 따라오게 마련입니다. 팀장은 그 첫 번째 자리이며, 첫 경험이라 심정적으로 더 어렵게 느낄 수 있습니다.

이런 상황을 받아들이지 못하고, 방황하는 초보 팀장을 여럿 봤습니다. 아예 팀원들과 업무 외에는 담을 쌓고 속으로 원망을 키워가는 은둔형, 자신의 말이라면 죽는 시늉이라도 할 것 같은, 일부 예스맨들만 옆에 두는 황제형 등. 이 모두 팀 내 원활한 의사소통을 저해해서 잘못된 의사결정을 내리게 할 뿐만 아니라, 팀 성과 달성에도 악영향을 미칠 수 있는 팀장의 잘못된 모습입니다.

리더는 본질적으로 외로울 수밖에 없습니다. 어느 순간 외로움과 직면하게 됐다면, 리더의 대장정이 시작된 것입니다. 냉철함이 무엇보다 필요한 때라고 하겠습니다.

깨달음으로 이끄는 질문 ▶ **스트레스를 빠르게 낮추는 좋은 방법이 있을까요?**

최근 저는 스마트워치를 차고 생활하기 시작했습니다. 여러 가지 기능 중 가장 좋아하는 것은 '심호흡'하기입니다. 스마트워치가 하루에 몇 번씩 심호흡 알림을 줍니다. 처음에는 귀찮아서 알림을 끌까도 생각했지만, 따라하기를 거듭해보니 심호흡 후에 편안한 마음으로 업무에 집중할 수 있었습니다.

심호흡과 관련해서 구글의 개발자이자 명상가였던 '차드 멍 탄'의 강연을 보게 됐습니다. 그는 스트레스에 지친 구글러들에게 들숨과 날숨을 10초 세트로 하여 1분 정도 깊은 심호흡을 해보라고 권했으며, 효과는 놀라웠다고 합니다. 독일 정신과 의사협회에 따르면 이러한 의도적인 심호흡이 심리적, 육체적 안정을 '즉각' 가져온다고 합니다. 지금 당장, 책상에 앉은 채 깊이 심호흡 한 번 해보시길 바랍니다. 눈을 감은 채로 다른 생각 없이 호흡에만 집중해보면 더 큰 효과를 볼 수 있다고 합니다.

CHAPTER 2

이제 나보고 꼰대라 한다

부모님은 평생 검소하고 헌신적인 생활을 보여주셨습니다. 그런 모습을 보며 배우는 게 많았지만, 안타깝게도 인생에 대해 충고를 해 주신 적은 별로 없었습니다. 부모님의 조언을 들었다면 삶이 더 수월하지 않았을까 생각이 들어 제 아이에겐 매 시기 삶에 도움이 되는 말들을 해주었습니다. 그러던 어느 날, 아들이 저를 피해 방으로 쏙 들어가면서 말했습니다.

"아빠는 진지충 같아."

아들을 위해서, 선의를 갖고 성심껏 충고했는데, 뭐가 잘못됐던 걸까요?

진짜 꼰대는 내 위에 있는데

팀장만 회원가입이 되는 온라인 공간, '팀장클럽'에는 팀원들의 근태 문제, 지시 불이행, 역량 부족 등에 대한 고민을 토로하는 게시물이 자주 올라옵니다. 한 가지 특이한 점은 잘못을 크게 질책하는 것뿐만 아니라 단순히 지적하는 것마저도 소위 '꼰대'로 여겨질까 봐 걱정한다는 점입니다. 직원의 감정을 살피는 점을 긍정적으로 볼 수 있겠지만, 팀원들을 이끌 마땅한 방법이 없는 요즘 팀장의 고뇌가 느껴지는 대목입니다.

'꼰대'로 인식될까 걱정하는 팀장들의 게시글 일부

뭐라 그러는 게 제가 너무 꼰대 같은 건가 하는 고민도 되고

뭐 꼰대라는 색안경 무서워서 몰 하겠네... 싶고....

신경 쓸 일이 아닌가요? 제가 꼰대라서 이런 고민하는 걸까요?

많이들 고민하시는 부분이 꼰대(갑) · 꼰대새(을) 간 세대갈등이 아닌가 싶습니다

꼰대같지만...; 한 번 그쪽으로 눈길이 가니 계속 신경이 쓰이네요

내가 꼰대라 불편한걸 수도 있다 등등의 많은 고민을 하고

어느 날 술자리에서 나보고 꼰대라고 하는 팀원을 보며

팀장의 힘든 처지는 이것만이 아닙니다. 팀장의 상사인 임원은 상당수가 '진성 꼰대'지요. 실적 회의 때는 과거 본인의 치적이 베스트 프랙틱스best practice가 되기에 십상입니다. 간담회는 한 방향 훈화를 듣는 자리가 되고요, 아이디어 회의 결론은 결국 본인 생각으로 수렴됩니다. 샌드위치처럼 위아래로 포위된 팀장의 형국이 안타깝습니다.

신인류의 출현? 급변한 시대를 먼저 살펴야

최근 'MZ 세대밀레니얼, Z세대'에 대한 사회적 관심이 높습니다. 이 세상에 존재하지 않았던 신인류가 나타났다고 호들갑입니다. 저는 우선 '세대'를 논하기 전에 '시대'가 바뀌었음을 이해해야 한다고 봅니다.

한국의 근대화는 '군대 문화'를 빼고는 설명이 어렵습니다. 1961년 5.16 쿠데타 이후 1980년대 중반까지 한국은 병영국가처럼 운영됐습니다. 학교에 입학하면 국민교육헌장을 외우고, 중고등학교에는 교련 과목이 있었습니다. 국가 행사에 국민들이 동원됐고, 대통령이 외국 순방 후 귀국하면 카 퍼레이드 인도 변에서 태극기를 흔들던 것이 일상인 시절이었습니다. 이러다 보니 기업 문화도 군대 문화와 다름없었습니다. 이런 환경에서 자란 사람들이 지금 50대 이상의 '임원 세대'입니다.

당시 사무실 자리 배치를 보면 극명하게 직급순으로 앉은 걸 알 수 있습니다. 자리 위치가 권력의 크기를 나타냅니다. 오늘을 견뎌내면 내일 저 자리에 갈 수 있다는 생각에 참았던 시절이었습니다. 하지만 이제는 연공서열과 상관없이 인력을 관리하는 회사가 많아지고 있습니다. 팀장은 더 이상 예전 방식으로 팀을 통제하기 힘들어졌습니다.

한국만큼 빠르게 산업화가 진행되면서 공동체가 해체된 나라는 없습니다. 부모가 거의 모든 지식을 갖고 있던 농경사회와는 달리 산업사회는 새로운 지식을 요구했고, 부모-자식 간의 주종관계는 단절되기 시작했습니다. 최근 신기술은 부모와 자식 세대의 분화를 더욱 심화시키고 있지요. 이와 더불어 기존 지식은 급속히 진부해지고 있습니다. 또한 웬만한 지식은 다 검색되고, 공개되는 세상이 됐습니다. 이러니 기존 세대의 권위는 한없이 추락하고 있습니다.

MZ 세대는 하늘에서 떨어진 것이 아닙니다. '요즘 것들은 회식에 개인 일정 핑계로 오질 않아', '우리 신입직원은 자기주장만 강하고 팀을 위해선 조금도 희생하려고 안 해'라고 특정인들의 문제로 치부하는 건 상황 대처에 도움이 되지 않습니다. '워라밸', '소확행' 등도 개인주의 성향이나 이기심 등으로 돌리기에는 시대적 영향이 큽니다.

이미 한국은 고성장 시기에서 멀어져 가고 있습니다. 현재 은행이자가 0.5%이지요. 거칠게 말하면, 성장률이 0.5%이고, 내 연봉은 매년 0.5% 늘어난다는 의미입니다. 고령화에 퇴직 연령까지 늦춘다고 하니 젊은 세대가 조직 내 성공을 꿈꿀 수가 없게 돼 가고 있습니다. 시대 변화를 큰 맥락에서 이해해야, 밀레니얼 세대를 포용하고, 업데이트된 리더십을 구축할수 있다고 봅니다.

새로운 '팀장 세대'로

현재 팀장 세대는, 예전 같으면 훗날 임원이 되어 선배들이 누렸던 권리를 향유할 수 있었겠지만, 기대할 수 없게 됐습니다. 저는 감히 팀장님들이 구시대의 막차를 타겠다고 발버둥 치는 것보단 새 시대의 첫차를 타시라 제안하고 싶습니다. 완전히 다른 트랙으로 갈아타는 방법은 다음과 같습니다.

첫째, 나만 옳다는 생각을 접어 둡니다. 어제까지 업계의 전설이었을지 몰라도 내일도 그러리라 보장은 없습니다. 요즘 세상이 정말 변화무

쌍합니다. 기후변화, 인구감소, 고령화, 코로나까지… 모두 우리가 한 번도 경험해보지 못한 변화들입니다. 내일은 적용되지 않을 과거의 커리어를 가지고 자만에 빠져 있지는 않은지 살펴야 합니다.

따분한 회의 중간에 주제와 관련된 본인 실수담을 한 번 애기해보시길 바랍니다. 팀원들의 눈이 초롱초롱해지고, 귀 기울이는 모습을 볼 수 있을 겁니다. 물은 낮은 데로 흐른다지요. 권위는 내가 세운다고 얻어지는 게 아니라 팀원들이 격의 없이 내게 접근할 수 있어야 만들어진다고 봅니다.

둘째, 누구든지 내 스승이 될 수 있습니다. MZ 세대에게도 배울 게 있습니다. 그들이 부족한 것은 경험이지, 지식이 아닐지도 모릅니다. 서로 배우고, 가르쳐주는 팀 내 학습 구조를 만든다면 원활한 의사소통은 자연스레 이뤄질 것입니다. 새로 나온 휴대폰 어플이나 유명한 유튜브 채널이 뭔 지 젊은 팀원에게 물어 보십시오. 어떤 것에 관심이 있는지, 최근 자주 찾는 힙한 장소는 어딘지 알려 달라고 해보십시오. 배운다는 것은 그 사람을 인정하고, 부탁하는 것에서 시작합니다.

셋째, 잘못이 있다면 솔직히, 빠르게 인정합니다. 리더는 카리스마를 가져야 한다는 강박을 가진 팀장이 적지 않습니다. 완벽한 모습으로, 정확한 해답을 제시하려고 합니다. 하지만 사람의 능력에는 한계가 있음을 받아들여야 합니다.

예전 팀원 하나가 출장 중 제 방으로 쳐들어온 적이 있습니다. 저를 향한 불만을 한참 토로하고 휑하니 돌아가 버렸습니다. 한참 동안 멍하더군요. 진짜 창피했습니다. 며칠 고민 끝에 불러서 제가 잘못한 부분은 사과했습니다. 그런데 참 이상하게도 마음이 편해지더군요. 그 후 그 팀원은 합이 제일 잘 맞는 동료가 되었습니다.

넷째, 팀원 간의 비교는 하지 않습니다. 사람들 몇만 모여도 서로들 비교하기곤 합니다. 그렇게 해서 남을 식별하는 게 타고난 본능입니다. 비교하는 데 그치지 않고, 비난하는 습관이 진짜 문제입니다. 사람은 다양하며, 잘하는 분야가 서로 다르기 마련입니다. 업무 태도나 실적이 부진한 팀원과 면담할 때, 이렇게 질문해보십시오. "자네는 작년보다 얼마나 발전해 있나?" "자네는 올해 팀에 기여한 바가 무엇인가?" 비교의 대상은 본인 자신입니다.

다섯째, 사생활에 개입하지 않습니다. 사람들은 친해졌다 싶으면 호구조사를 시작하고, 어쭙잖은 조언을 해댑니다. 본인 말에 동의하지 않으면 기분 나빠 하기도 합니다. 우리는 팀원과 일을 매개로 만났습니다. 일이 중심이고, 그 밖에 것들은 부차적입니다. 사생활 같은 부수적인 것들이 일에 좋지 않은 영향을 주는 경우를 제외하고는 간섭하거나 충고하지 않는 것이 옳습니다. 물론 본인의 요청이 있는 경우를 제외하고요.

팀장의 새로운 행동 원칙

얼마 전 온라인에서 유행했던 '꼰대 육하원칙'을 아래처럼 변형시켜 봤습니다. 팀원을 중심에 놓고, 관심과 배려, 코칭의 관점으로 바꿔봤습니다.

관점을 바꾸면, 시야가 넓어지고 팀원들도 새롭게 보입니다. 아들에게 제가 생각하는 바를 무조건 주입하려던 제 자신도 반성하게 됐습니다.

꼰대 육하원칙의 변형

내가 누군지 알아	WHO	당신은 누구세요
뭘 안다고	WHAT	뭘 도와줄까요
어딜 감히	WHERE	어디서부터 같이 해볼까요
내가 왕년에	WHEN	내가 지금 필요한 때인가요
어떻게 나한테	HOW	어떻게 하면 좋아질까요
내가 그걸 왜	WHY	이렇게 해야 하는 이유는요

ⓒ김진영

변화가 있으려면 다소간에 희생이 요구됩니다. 새로운 권위의 모델을 형성하는 연습이 필요합니다. 그런 후 임원이 되어 실질적인 경영권을 행사한다면, 조직은 더욱 일하기 좋게 변화되어 있을 겁니다. 또한 지금 팀원들이 팀장 자녀들의 상사가 되는 미래를 생각한다면 결코 밑지는 장사는 아닐 겁니다.

깨달음으로 이끄는 질문 **팀원들이 의견을 거의 내지 않습니다. 개선할 방법이 있을까요?**

어느 순간부터 회의나 워크숍에서 팀원의 발언 빈도가 낮아집니다. 팀장은 답답한 마음에 채근하는데요, 그럴수록 팀원들은 더 움츠러듭니다. 점점 대화가 아니라 일방적인 지시로 소중한 시간이 채워집니다.

우선, 반복 업무가 현재 업무의 대부분이 아닌지 살펴봐야 합니다. 일반적으로 사업부서보다 관리부서에서 이럴 가능성이 높습니다. 일상적인 업무의 반복은 직원의 타성화, 관성화를 가져옵니다. 새로운 과제를 부여해서 도전 의식을 높이는 계기가 필요합니다.

아울러 팀장 자신의 태도에 대해 점검해봅니다. 혹시 '결론은 내가 내려야지'하는 강박을 갖고 있지 않습니까? 물론 팀을 책임지는 자리지만, 결정의 일부는 팀원 몫으로 남겨 두는 게 바람직합니다. 그래야 의견을 제시할 맛이 납니다. 요리를 안 하던 사람이라도 자신이 만든 요리에 더 애착을 갖는 것과 비슷합니다. 때로 팀원에게 말하는 맛을 느끼게 해주시길 바랍니다.

CHAPTER 3

또라이 상사는 내 운명

20XX년 어느 날, 전무님께 경쟁사 분석 보고를 하는 자리였습니다. 자료를 만들기 위해 팀 전체가 며칠 동안 야근을 했었죠. 보고서 첫 페이지, 경쟁사와 역량 비교 '레이더 차트'를 설명하는데 전무님이 갑자기 버럭하셨습니다.

"이런 건 나도 그릴 줄 알아!"

일순간 분위기는 가라앉았고, 침묵이 흘렀습니다.

"뭐 해? 계속해… 계속하라고."

전무님은 발표 내내 불편한 심기를 숨기지 않았습니다. 분석 자체가 잘 못됐고, 보고서 형식마저 엉망이었다고 평가하셨죠. 결국 다시 작성해오 라고 지시하셨습니다. 2주 후 핵심 내용은 그대로 두고 구조를 바꿔 다시 보고했습니다.

"그래, 이렇게 하라고. 하면 되잖아. 나가봐."라고 하시더군요. 전화 통화 를 하면서 건성건성 말이죠.

전무님과 마찰은 계속됐습니다. 나중에 들어보니 사장님은 헤드헌터 소 개로 직접 저를 뽑으셨는데 전무님은 반대하셨다고 하더라고요. 애초부터 안 좋은 감정이 있으셨던 겁니다. 겪다 보니 아랫사람을 자신의 경쟁자라 고 생각하는 성향까지 갖고 있었습니다. 열등감의 표출이었지요. 또 변덕 은 왜 그리 심한지요. '럭비공'이 그 전무님 별명이었습니다.

또라이 유형 아홉 가지

〈나를 힘들게 하는 또라이들의 세상에서 살아남는 법〉(클라우디아 호호부 룬, 2020)이란 책에는 또라이를 아홉 가지로 분류했습니다.

불행히도 아래 한 가지 유형에만 속하는 또라이는 거의 없습니다. 대부 분 복합적으로, 동시다발적으로 표출됩니다. 저는 이걸 세 가지 속성으로 요약해봤습니다. '일관성 결여(3, 4, 8, 9)', '과한 나르시시즘(2, 5)', '책임감 미 흡(1, 6, 7)'. 즉, 원칙 없는 사람, 자기애가 과도한 사람, 책임감이 부족한 사 람이 우리를 괴롭히는 또라이입니다. 안타깝지만 전무님은 세 가지 모두

또라이 유형

1	피해망상 또라이	불평불만이 끊이지 않는 사람
2	자뻑이 또라이	자신을 너무 확신하는 사람
3	대마왕 또라이	감정 조절을 못 하고 사회성 제로인 사람
4	변덕쟁이 또라이	감정의 기복이 매우 심한 사람
5	원칙주의자 또라이	말이 안 통하고 규칙을 맹신하는 사람
6	겁쟁이 또라이	상처가 두려워 숨어 사는 예민한 사람
7	우유부단 또라이	혼자 결정하지 못하고 타인에게 의존하는 사람
8	디바 또라이	과장되게 행동하고 이기적인 사람
9	괴팍이 또라이	자기 주관과 고집대로만 하는 사람

에 해당하는 사람이었습니다.

또라이는 영원히

언제부턴가 '또라이 질량 보존의 법칙'이란 말이 돌기 시작했습니다. 지금 회사에서 또라이 상사를 피해 다른 회사로 이직을 해도 비슷한 또라이들이 거기에도 있다는 것이죠. '매운 맛' 또라이가 없다면, '순한 맛' 또라이 여러 명이 있는 식입니다.

저 역시 그랬습니다. 직장생활 초기 15년간의 직속 상사, 그 상사의 상사, 대표들이 어떤 사람들이었는지 회상해봤습니다. 여러 번의 이직과 부서이동 등을 경험한 저는 또라이 상사와 늘 함께 해왔더군요. 덕분에 회사생활이 쉽지 않았고요. '정말 저 사람만 없어진다면 뭐든 하겠다'란 위험한 생각까지 했었답니다.

또라이들이 왜 이렇게 널리 퍼져 있을까요? 또라이들은 업무 처리에 과단성을 보여줍니다. 냉정하게, 시크하게 보입니다. 그만큼 '동정 없이' 처내길 잘하죠. 위에서 보면 실행력 있는 사람으로 비춥니다. 많은 경우 품위를 생각하는 사장을 대신해서 손을 더럽히는 일까지 기꺼이 해냅니다. 사장 입장에선 아주 고마운 존재일 수 있습니다. 이런 식이면 직속 상사뿐만 아니라 그 주변의 사람들까지 또라이로 채워질 가능성이 큽니다. 현실이 그렇습니다. 이들은 이미 변수變數가 아니라 상수常數입니다.

또라이 상사 대응법

(1) 또라이 감별

우선, 진짜 또라이인지 판단합니다. 그냥 '나쁜' 상사와 '또라이' 상사를 구분하는 것입니다. 둘 간에 차이점은 상식 수준의 대응으로 개선이 될 가능성이 있는지, 없는지입니다. 일반적으로 '상사와 잘 지내는 방법'은 다음과 같습니다.

- 진솔하고, 예의를 다해 응대한다

- 보고는 사전 준비를 잘해 조리 있게, 근거로 설명한다

- 기분을 파악하고 그에 따라 접근한다

- 상사의 어려움을 헤아려 함께 해법을 모색한다

대략 이 정도입니다. 하지만 상대가 어느 정도 상식을 갖고 있어야 통할 수 있는 내용입니다. 또라이 상사는 그럴 대상이 아니죠. 우선, 상사의 또

라이 짓을 두고 이해해 보려고 하지 마세요. 그건 마치 칼 든 도둑 앞에서 '저 사람이 왜 저러나'고 생각하는 것과 같습니다. 어떻게 할지, '대응'만 고민해야 합니다.

(2) 또라이 상황 파악

팀장의 상사, 즉 임원급이라고 가정하겠습니다. 임원의 니즈는 뭘까요? 사장이 되느냐 안 되느냐가 최우선 니즈일 것 같습니다. 임원의 대체적인 수명은 한 직급에서 3~4년이 일반적입니다. 그 안에 뚜렷한 성과가 없으면 사장이 되긴 어렵습니다(물론 정치 작용에 의한 승진은 여기선 논외의 이슈입니다). 그런 맥락에서 현재 또라이 상사(임원)의 사장 가능성에 대해 가늠해보는 건 큰 의미가 있습니다. 만약 그(녀)가 오너 패밀리거나, 사장이 유력하다면, 그 회사를 떠나는 게 정신 건강에 이롭습니다. 물론, 대기업처럼 여러 사업부 체계가 있는 조직에서는 임원 간의 이동(승진 포함)이 가능할 수도 있습니다.

(3) 대응 방법

첫째, 그냥 무시한 채 사는 겁니다. 철저하게 일의 관계로만 생각합니다. 욕을 하던, 변덕을 부리던 무념무상의 상태로 지내는 것이죠. 이건 체념과 포기가 동반되는 마음의 수양이 필요합니다. 미친 개가 짖고 달려와 물어대는 건 내 잘못은 아니죠. 어쨌거나 시간은 흐르고 있음을 굳게 믿어야 합니다.

둘째, 직속 상사(임원)의 상사(대표)에게 탄원하는 방법입니다. 이는 또라이 상사와 대표와 관계가 소원할수록 효과적입니다. 주의할 점은 아무리 또라이라도 효용 가치를 가지는 경우가 적지 않다는 것입니다. 저는 신규 사업을 추진할 때 조직의 변화를 가져와야 그것이 가능함을 알았습니다. 다만, 조직의 변화는 현재 임원들의 자리와도 연결되기 때문에 또라이 임원은 그것을 극구 반대했었죠. 결정은 사장님이 하는데, 임원 선에서 자꾸 커트 당하는 상황이었습니다.

고민 끝에 사장님께 따로 연락해서 현황을 설명하고 회사 밖에서 따로 만났습니다. "이거 무슨 첩보 영화 같아." 사장님이 그러셨죠. 그때는 저를 따로 만나줄 만큼 신뢰하시는 줄 알았습니다. 하지만 제가 몰랐던 비밀이 있었습니다. 사장님에겐 그 또라이 임원도 꽤 쓸모가 있는 고마운 존재였더군요. 결국엔 제가 그 임원보다 일찍 퇴사했습니다.

셋째, 대차게 한 번 붙어보는 겁니다. 철저한 사전준비가 필요합니다. 또라이 상사는 길길이 날뛰겠죠. 그래도 철저하게 포커페이스로 차분하게 대응해야 합니다.

또라이 전무와 물류 팀장이 맞붙은 사건은 사내에서 오랫동안 회자됐습니다. 전무는 물류 전문지식도 없었음에도 지속해서 물류 팀장에게 보고와 재보고를 지시했습니다. 옆에서 보기에도 쓸데없는 보고였는데 말이죠. 당사자는 얼마나 스트레스를 받았을까요. 몇 차례 그런 식으로 거듭되던 어느 날 회의 중 물류 이슈를 논의하려 할 때였습니다.

전무 : 하 팀장(물류 팀장), 내가 수정 보고하라는 거 다 됐나. 다 됐으면 지금 보고해.

물류 팀장 : 보고 준비 안 했습니다.

잠시 정적이 흘렀습니다. 전무님은 다들 나가라고 소리쳤습니다.

'아이고, 곡소리 나겠구나'하고 저를 포함한 팀장들은 회의실을 황급히 빠져나왔습니다. 밖에서 계속 동정을 살피는데 회의실에선 별소리가 나지 않았습니다. 10여 분이 지났을까, 물류 팀장은 밖으로 나왔고, 우리는 다시 들어가 회의를 이어갔습니다. 전무님은 아무 언급이 없어서 둘 간에 무슨 얘기가 오고 갔는지 알 길은 없었습니다.

얼마 지나지 않아 물류 팀장은 사표를 내고 퇴사했습니다. 후에 회의실 옆에 붙어 있던 구매팀 직원이 그날 회의실에서 들린 이야기를 들려줬습니다. 사람들이 회의실에서 나가자 물류 팀장이 조목조목 지시의 불합리성을 얘기하며 사직 의사를 밝혔고, 전무님이 간곡하게 만류했다는 것이었습니다. 평소 전무 스타일을 생각해볼 때 예상 밖의 대응이었습니다.

물론, 이럴 경우 본인도 상처를 입을 수 있음을 각오해야 합니다. 본인이 퇴사하는 상황까지 가지 않더라도 문제를 일으켰다는 오명을 쓸 수 있고, 다른 상사들에게 미운털이 박힐 수도 있습니다.

넷째, 임원의 이동을 위해 노력하는 것입니다. 이는 임원 자리가 많은 큰 조직에서 가능한 대응법입니다. 성과를 내게 해줘서 승진해 타 부서로 간다면 일단 벗어날 수는 있을 테니까요.

또라이 상사를 대하는 마음가짐

한 조사에 따르면 영국의 유명 기업 CEO 중 5% 정도가 소시오패스라고 합니다. 위대한 CEO로 칭송받는 스티브 잡스는 괴팍하고 독단적인 성격으로 유명했습니다. 그의 성격 탓에 '성공한 CEO'와 '적합한 리더십' 간의 관계에 대해 논쟁이 있었던 것으로 기억합니다.

또라이 상사를 만나지 않으면 천운이겠으나, 사장이 그렇다면 최악이라 할 수 있습니다. 자기애가 강한 사람은 자기와 비슷한 사람을 선호하는 경향이 높다고 합니다. 국내 기업 CEO들의 MBTI마이어-브릭스 유형 지표 연구를 진행했던 분의 말씀으로는 CEO와 해당 기업 임원들이 비슷한 MBTI 유형을 보이는 비율이 상당히 높다고 합니다. 또라이 상사를 이중, 삼중으로 맞닥뜨릴 수 있는 상황입니다.

현실적으로 이런 점을 냉정하게 인식하는 게 필요하다고 봅니다. 상사는 선택할 수 없지만, 어떻게 생각할지는 우리가 선택할 수 있습니다. 또라이 상사가 존재할 수밖에 없는 현실에서 그들로 인해 자신이 깊은 내상을 입을 필요는 없습니다.

깨달음으로 이끄는 질문 ▶ **사내정치 신경 안 쓰고, 일만 하고 싶은데요?**

사내정치에 지친 지인의 질문입니다. 능력 없는 사람이 승진하고, 직원들끼리 편을 갈라 갈등하는 원인이 사내정치 같다면서 말입니다. 실제 그런 부분이 있습니다. 지인의 말처럼 사내정치가 없어질 순 없을까요?

정치란 권력의 문제입니다. 회사는 엄연히 상하 관계로 구성됩니다. 한정된 자원을 서로 차지하려는 경쟁이 있고요. 이러니 일 외에 정치란 요소가 개입하는 것이죠. 회사에 정치가 있다는 것은 자연스럽기까지 합니다. 회사뿐 아니죠. 집안에서도 형제나 자매끼리 옷이나 먹는 것으로 다툼이 있지 않나요? 어떻게 해야 더 많이 얻을까 생각하지 않나요?

'일만 하고 싶다'는 바람이 사내정치에서 떨어져 있고 싶다는 뜻은 아니길 바랍니다. 사내정치가 현실에 존재하는 한 나를 지키기 위해서라도 사내정치를 알아야 하고 적절히 활용해야 한다고 봅니다. 당신이 그걸 외면하는 순간, 음흉한 이들의 손에 더 큰 힘을 쥐여주게 됨을 잊지 말아야 합니다.

186

CHAPTER 4

때론 '잠시 멈춤'이 필요하다

　가끔 연락을 주고받는 어릴 적 친구 A가 있습니다. 초등학교 3학년 때 아버지 고향으로 이사를 갔고, 간간이 안부를 묻고 지냈습니다. 대입을 앞두고 고민을 털어놓기도 했죠. 성적은 되지만 집안 사정으로 서울로 대학가기가 힘들다는 얘기였습니다. 어릴 적 이사가게 된 것도 그런 연유였단 걸 알게 됐습니다. 결국 A는 지방 국립대학에 4년 장학생으로 입학했습니다. 저보다 몇 배는 더 똑똑한 친구였는데, 능력이 아까웠습니다. 서울로 오지 못한 것이 큰 열등감으로 남았던 모양입니다.

　대학을 졸업할 때쯤, 누구나 알만한 대기업에 입사했다는 소식이 들려왔습니다. 대학으로 상경 못 했지만, 직장으로는 상경했다는 자부심이 대단하더군요. 직장인이 된 친구는 완벽한 삶을 사는 것처럼 보였습니다. 남보다 승진이 빨랐고, 직장인 친구들 사이에서 가장 먼저 '1억 연봉'을 찍었다는 얘기도 들렸습니다. 결혼해서 슬하에 아이 둘을 두고 말이죠.

그러다 어느 순간부터 연락이 안 되기 시작했습니다. 바빠서 그러겠거니 생각하고 말았는데, 몇 년 만에 갑자기 연락이 왔습니다.

"지금 잠시 볼 수 있을까?" 갑작스러운 전화의 첫마디였습니다. 그 잠시는 무려 세 시간이나 이어졌죠. 격정 토로랄까. 그 모습은 마치 비 맞으며 맹수에 쫓기다 겨우 살아난 토끼처럼 안쓰러워 보였습니다. 친구 말을 정리하자면 이랬습니다.

지방대 출신인 자신을 인정해주는 회사에 감사해 혼신을 다해 일했다. 실적이 좋아 3년 전엔 팀장을 달았다. 문제는 그때부터 시작됐다. '장'이 된 만큼 본인의 목소리를 내려 했지만 전혀 받아들여지지 않더라. 상무가 자신을 불러 왜 그렇게 변했냐고 다그쳐 물었다. 팀원들 사이에선 상무 눈 밖에 난 자기를 팀장으로 봐주지 않는 분위기가 느껴진다. 의욕이 떨어지니 누적된 육체 피로가 한 번에 몰려와 항상 물에 젖은 이불을 뒤집어쓰고 있는 것 같다. 매일 아침 출근이 괴롭다. 퇴사를 고민 중이다. 이런 모습에 아내는 놀라고 불안해하고 있다.

저에게 어떻게 하면 좋을지 물었지만 뭐라고 조언을 할 수 있을까 머리가 복잡해졌습니다. 결국 해줄 수 있는 건 감정적인 공감 정도가 아닐까 했다가 친구니까 오지랖을 떨어보기로 했습니다.

"A야, 지난주에 누구랑 어디서 시간을 보냈어?"

"뭐라고?"

"그냥 알고 싶어. 그래야 내가 뭐라도 도움 되는 얘길 해줄 수 있을 것 같아서."

"평일엔 집이랑 회사를 왔다 갔다 했고, 그중 사흘은 9시 넘어까지 야근을 했지. 토요일엔 사내 등산 동호회 사람들하고 관악산에 갔다 술 한잔하고. 음…. 일요일엔 늦잠 좀 자고 오후엔 아내와 마트에서 장보고 영화 봤지."

"지난주만이 아니라 지지난 주도, 그 이전도 비슷했겠지?"

"그…. 그랬지."

"넌 열심히 살아왔어. 근데, 그건 회사를 위한 거였지. 그냥 회사 기준에 맞춰 잘 살아왔다는 거야. 이제 여유가 생기니까 '잠자고 있던 너가' 깨어난 거야. 너답게 살고 싶었던 시간을 보상이라도 해달라는 것처럼 말이야."

"일이 안 되니까 심리적으로 위축되고, 컨디션도 안 좋아지고, 그러다 보니 팀원들하고 관계도 나빠지고, 결국엔 자괴감에 빠진 것 같아. 근데 말이야, 그건 '회사 일'이잖아. 너를 설명하는 '일부'일 뿐이라고. 그게 뭐라고 널 이렇게 망치고 있니."

처음에 심드렁하게 대답하던 친구는 제가 얘길 마치자 한참 동안 저를 멍하게 바라보더니 이내 고개를 떨궜습니다.

기업이 원하는 인재상

최근 인사 담당 퇴직 임원분과 얘기 나눌 기회가 있었습니다. 몸담았던 기업이 원하는 인재상에 관해 솔직하게 말씀해주셨어요. 우선 입사성적, 기본역량 등에 따라 S급 인재, A급 인재, 일반 인재로 구분한다셨지요. 비율은 대략 각각 5%, 15%, 80%.

대다수가 속하는 일반 인재를 '벽돌'로 비유하시더군요. 특별하지 않지만 기본역량은 갖고 있어 어느 부서에 배치해도 무난히 그 일을 처리할 수 있는 사람. 기업은 그런 인재를 원한다고 했습니다. 요즘 지원자들 대부분 스펙은 갖추고 있으니, '충성심'이 높은 인재를 고르는 것이 선발 기준의 우선순위 No.1이라고 했습니다.

Q 그 회사는 최근에 자율성과 창의성을 강조하던데요?

A 그거, 중요하죠. 하지만 결정은 '위'에서 합니다. 직원은 그걸 묵묵히 실행하는 게 필요한 거고, 오로지 결정을 처리하는 범위 안에서 자율성과 창의성이 필요하다 하겠습니다.

Q 원하는 직원을 '벽돌'이라고 말씀하셨는데, 개성을 존중하는 MZ세대들한테도 가능한 것인가요?

A 물론 예전 시대처럼 '까라면 까라'는 식으로는 강제할 수 없습니다. 좀 더 유연하고, 지능적으로 접근해야죠. 코로나 사태에도 불구하고 최근 들어 교육을 강화하고 있습니다. 관련 예산과 시간을 늘리고 있어요. 아울러 자발적인 학습조직이나 취미 동호회 등을 적극적으로 지원하고 있습니다. 일뿐만 아니라 그 외 활동으로도 회사와 직원을 연결하려고 노력하는 거죠.

Q 충성심이 높은 인재를 확보하고 유지하는 비결이 있나요?

A 사실 우리 회사는 SKY 출신 비율이 비교적 낮습니다. 80%를 차지하는 '일반 인재'로서 SKY 출신들은 적합하지 않다는 게 결론이에요. 우리 회사에 입사한 걸 감사할 줄 아는 사람이 오래 근속하고 성과도 나쁘지 않다는 게 공개되지 않은, 오랜 경험칙입니다.

반환점을 돈 팀장의 삶

'나는 열심히 살고 있는가'라는 강박을 갖는 직장인들이 많습니다. 자기 계발 서적과 관련 강사들은 우리에게 나태라는 죄의식을 심어주길 주저하지 않죠. 제 친구처럼 '팀장'을 달 정도의 사람이라면 열심히 살아왔을 겁니다. 회사로부터 인정받고 충성심이 올라가고, 그러다 보면 나와 회사의 구분이 희미해집니다. 결국엔 회사와 자신을 동일시하게 됩니다. 그 친구는 SNS에 자사 제품 사진을 누가 올리면 '써줘서 고맙다'는 댓글을 달곤 했습니다. 이제 와 생각하니 가볍게 볼 일이 아니었네요.

팀장이 됐다는 것은 일반적으로 10~15년 이상의 경력을 쌓았다는 것입니다. 직장인의 현실적 퇴직 연령이 50대 초반임을 고려한다면, 중간 반환점 부근에 서 있는 거죠. 번아웃까지는 아니라도, 반복되는 일상 속에서 나 자신이 소진된다는 느낌이 들 수 있습니다. 그때가 바로 '나를 돌아보는 잠시 멈춤'이 필요한 순간 아닌가 싶습니다.

유명한 경영 컨설턴트이자 경제학자인 오마에 겐이치는 인생을 바꾸기 위해선 세 가지를 바꿔야 한다고 했습니다. 첫째, 보내는 시간, 둘째, 만나는 사람, 셋째, 지내는 공간. 사실 이 세 가지가 떠올라서 친구에게 질문한 거였습니다.

보내는 시간은 활동을 의미합니다. 평일에는 직장 생활, 주말에는 가정생활. 대다수 회사원의 일상일 것입니다. 거기에 한 가지만 본인이 하고 싶은 것을 추가해보면 어떨까요? 매일이 어렵다면 주에 한 번 정도라도 괜찮을 겁니다. 예전 제 후배는 주말에 요리학원을 다닌다고 했습니다. 번듯한 회사에 다니는데 웬 요리? 다들 한마디씩 했는데, 지금은 어엿한 오너 요리사가 돼 있습니다. 직장 다닐 때보다 몸은 힘들지만 몇 배는 더 즐겁다고 합니다.

만나는 사람 역시 활동과 연관이 있습니다. 대개 다른 활동을 찾아야 새로운 사람을 만날 수 있으니까요. 나이가 들면 익숙한 사람들만 만나는 경향이 있습니다. 다만 편안한 사람들과는 '과거'가 주된 얘깃거리일 수밖에 없습니다. 예전 한국의 피자왕이라고 일컬어지던 '성신제'라는 분이 있었습니다. 비록 여러 차례 사업에 실패했지만, 한국 프랜차이즈 업계의 살아있는 전설이죠. 연세가 칠순이 넘었는데도, 사업적으로 어린 친구들과 만남에 설렘을 느낀다고 말했습니다.

"제 나이 또래 친구들하고 잘 안 만나요. 미래에 대한 얘기는 없고... 전부 앉아서 '옛날에 네가 어찌 됐냐, 내가 어쨌냐' 같은 옛날 얘기만 하잖아요." (SBS 스페셜 478회, 성신제 대표는 2023년 4월 암투병 끝에 별세했습니다. 고인의 명복을 빕니다)

지내는 공간 바꾸기는 단기적으로 쉽지 않습니다. 사는 집과 직장이 주된 공간인데 금세 어떻게 바꾸겠습니까. 단기적으로는 쉼표를 실행할 수 있는 작은 공간을 만드시길 권해드립니다. 저는 집에 조금 떨어진 스터디 카페와 도서관에 종종 들릅니다. 주로 생각을 정리하거나 글을 쓸 데 조용한 분위기에서 집중할 수 있어 선호하는 편입니다. 거창하게 여행을 떠나는 건 아니지만 일상에서 잠시 떨어져 있을 공간 하나쯤 주변에 마련해두면 좋겠습니다.

모든 것이 너무 빠르게 변하는 세상에 우리는 압축 성장을 강요 받았는지 모릅니다. 앞만 보고 달려왔는데, 이 방향이 맞는 줄 알고 뛰어왔는데, 어느 순간 아닌 것 같습니다. 너무 내달리다 보면 시야가 좁아져 옆을 살필수 없고, 방향이 잘못됐다는 걸 깨달아도 돌아올 수 없습니다. 속도보다 언제나 '방향'이 더 중요합니다.

깨달음으로 이끄는 질문 **휴가를 다녀오면 더 피곤합니다. 어쩌죠?**

한국은 전 세계적으로 노동시간이 아주 긴 편에 속합니다. 독일이나 프랑스와 비교했을 때 일 년에 한 달에서 두 달 정도 더 일하고 있습니다. 아는 지인이 유럽으로 여행 다녀온 얘길 해줬습니다. 현지 가이드와 움직였는데, 러시아 일행도 함께했었답니다. 그런데, 여행 일정으로 의견충돌이 있었고, 결국엔 따로 움직이기로 했답니다. 지인은 여러 곳을 둘러보자고 했고, 러시아 사람은 한 곳에서 시간을 갖길 원했던 것 같습니다. 짧은 휴가가 낳은 불편한 진실이라 할까요?

휴가에서 하는 놀이와 휴식을 분리해서 생각해보면 좋겠습니다. 놀이는 노력이 들어가는 즐거운 노동이고, 휴식은 노력을 들이지 않는 평온한 시간입니다. 휴가 때 바쁜 일정으로 여기저기서 놀았다면 육체적으로 더 피곤할 수 있습니다. 아무것도 안 하는 휴식의 시간이 회복을 가져온다고 봅니다. 집에 있더라도 스마트폰을 끄고, 조용한 음악 외에는 아무것도 나를 방해하지 못하는 시간을 가져보면 어떨까 싶습니다.

CHAPTER 5

임원승진이
당신의 목표인가요?

연말이 되면 신문 동정란에 기업 인사가 올라옵니다. 주로 임원급이지만, 그들이 승진하면서 공석이 된 '팀장' 자리 역시 누군가로 채워졌겠지요. 일반적으로 100명의 신입사원이 입사하면 그중 20명이 팀장까지 오르고, 1명이 임원이 된다고 합니다. 임원은 높은 대우와 좋은 근무 여건을 제공받기에 직장인들 사이에선 소위 '별'이라고 일컬어집니다. 100:1의 높은 경쟁력을 뚫고 살아남은 것이 임원입니다.

예전에 밀림에서 표범이 사냥하는 모습의 사진이 유행했습니다. 맹렬히 먹잇감을 쫓는 표범 바로 앞에 위태로운 영양이 있고, 바로 옆으로, 그 상황을 살짝 피해 지나가는 동료 영양의 장면이었죠. '어쨌든 내 동료보다만 앞서면 위기를 피할 수 있다'는 예시로 인용되곤 했습니다.

사내에서 임원 자리를 두고 경쟁하는 것도 비슷하다 생각합니다. 산전 수전을 다 겪으면서 임원이 되는 것은 정말 대단한 일이죠. 하지만 동료와 후배를 제치고 임원이 됐다는 것이 업계 최고 인재로 공인됐다고 볼 수 있 을까요?

퇴직 임원의 넋두리

개인적으로 친분이 있던 대기업 임원이 한 분 계셨습니다. 자부심과 성 취감이 높으신 분이었죠. 승진 축하 화분이 가득한 사무실에 저를 불러 자 랑하셨습니다. 그 후로 3년 정도 지났을까, 그분이 퇴사했다는 소식을 들 었습니다. 그런가 보다 하고 있었는데, 업계 사람들과 술자리에서 우연히 조우했습니다. 자신감 없는, 초췌한 모습이 예전과는 몹시 달라 보였습니 다. 술에 취해 이런저런 넋두리를 하셨는데, 이렇게 말씀을 하셨습니다.

"김 팀장, 자네도 알겠지만, 내가 이 업계에서 발이 넓었잖아. 내 폰에 업계 사람 전화번호만 천 개가 넘어. 그런데 말이야, 임원에서 밀려난 후론 전화 한 통이 없더라고. 아무도 날 찾지 않더란 말일세."

이처럼 임원직에서 퇴직한 후에 후유증을 호소하는 분을 여럿 봤습니다. 현업에 있었을 때 존경받는 정도는 아니었지만, 평균 이상으로 성취를 달성했던 분들인데, 왜 그렇게 됐을까 생각해봤습니다. 개인의 품성과 몸담았던 산업의 특성의 차이는 배제하고 그들의 공통 사항은 다음과 같습니다.

- '임원 되는 것'을 인생의 목표로 삼았다.
- 임원이 되기 위해 무슨 일이든 서슴지 않았다. 사내 정치는 물론, 동료와 직원을 찍어 누르는 것마저 주저하지 않았다.
- 본인의 실력보다 승진을 위한 활동에 몰두했다. 의사결정권자와 어울리기 위해 그들의 취향을 연구하고 동기화되고자 했다.

결국 이들은 '사내 사냥'에서 성공한 표범이었지만, 업계에서 경쟁력 있는 사람과는 다소 거리가 있었습니다. 어떤 의미에선 그 사람이 앉아있던 자리가 임원이었지, 사람 자체가 임원급은 아니었던 겁니다.

자리보다 '전문성'이 중요하다

직원의 경쟁력은 무엇일까요? 저는 전문가로서 자질이 아닐까 싶습니다.

앞선 글을 통해 회사와 직원 간의 관계는 '파트너십'이고, 직원 개개인은 '프로페셔널'이 되어야 한다고 말씀드린 적이 있습니다. 자신을 프로로 작정하고 그 길로 나가겠다는 사람은 단순히 임원이 되기 위한 사람과는 달리 행동할 것입니다. 쓸데없는 에너지 소비를 초래하는 사내 정치에 빠지지 않을 것이고, 윗사람 비위나 맞추는 것과는 거리 있는 행동을 할 것입니다. 현재 본인의 전문가적 자질을 키우는 데 도움이 된다면 사비를 들여서라도 배움을 계속하리라 봅니다.

직원이 프로로 열심을 내는 것에 회사는 선뜻 동의하지 않을 수 있습니다. 하지만 시대가 급변하고 기술이 발전하는 와중에 일상적인 기본 업무는 점차 로봇과 컴퓨터로 대체될 것입니다. 직원들은 점차 복잡하고 경험과 직관이 요구되는, '전문가'로서의 독립적인 개체로 변모할 가능성이 큽니다. 이미 법무법인, 컨설팅회사, IT 기술회사, 금융회사 등에서는 이와 같은 현상이 시작된 지 오래됐습니다. 아울러 인사관리 방향 역시 개별 직원의 커리어 진로를 기획해주고 지원하면서 직무 만족도를 높이려 노력하고 있습니다.

프로로 인식되는 방법

프로가 되기 위해서는 부단한 노력이 전제되어야 다만, 현실에서 안타까운 점은 프로가 되는 것과 그렇다고 인식되는 것 사이에는 괴리가 있다는 것입니다. 개인의 노력 끝에 프로의 경지에 올라섰지만 아쉽게 사내에선 뛰어난 인재로 인식되지 못한 직원들이 생각보다 많습니다. 따라서 프로가 되는 과정에서 나를 제대로 알리는 노력이 동반될 필요가 있습니다. 전문가로서 자질 향상과 주변의 인정을 받기 위한 세 가지 팁을 소개합니다.

첫째, 자발적인 학습조직을 만듭니다

본인이 프로가 되고 싶은 분야와 현재 맡은 직무와 관련된 분야를 찾아 함께 공부할 직원을 조직합니다. 많은 회사가 CoP^{Community of Practice}나 동호회 등의 이름으로 학습조직을 지원하고 있습니다. '반드시' 본인이 이끌면서 주도적인 모습을 보여줄 필요가 있습니다. 조직을 구성할 때는 여러 부서 직원들을 참여시켜 선도적인 이미지를 전파하는 데 신경 써야 합니다.

둘째, 남의 입을 빌려 나를 말하게 합니다

홍보의 기본 원칙입니다. 그래서 기사인지, 광고인지 구분되지 않은 내용이 신문에 게재되는 것이죠. 사내라면 분명 그룹웨어나 기업 포탈 사이트에 '게시판'이 있을 겁니다. 어떤 기업은 지식관리시스템^{Knowledge Management System}이 있을 수도 있습니다. 학습조직에서 학습한 내용에 자기주장을 더해 정기적으로 올려두면 좋습니다.

저는 전 직장에서 '기획서 잘 쓰는 법'이란 글을 입사하자마자 그룹웨어에 올려 두었고, 매년 몇 명의 직원들로부터 '좋은 글 잘 봤다'는 말을 들었습니다. 매년 입사하는 직원에게 내 글이 나를 계속 어필하고 있었던 겁니다.

셋째, 타 부서에 도움이 될 만한 일을 찾아봅니다

팀장이라면 팀 내 활동이 주를 이룰 것입니다. 아울러 직속 상사에게 인정받는 것이 가장 중요합니다. 그 밖에 팀장 평판은 유관 부서의 팀장들로부터 시작될 가능성이 높습니다. 조직의 특성상 그들과 경쟁해야 하지만 조력이 필요할 때도 많습니다. 아래는 제가 생각하는 예시 몇 가지 입니다.

- **인사팀장** 경쟁사에서 인력 채용 시 특이사항(예: 기존 사업과 연관성이 없는 신규 인력 채용 공고 등)을 전략팀에 알려주기
- **구매팀장** (자사보다 선진적인) 구매처로부터 얻은 매출채권 회수 관련 선진 노하우를 영업팀, 재무팀에 알려주기
- **개발팀장** 기술 컨퍼런스 또는 전시회에 참석한 경쟁사 또는 잠재적 경쟁사의 신기술 동향을 전파하기

다시 한번 말씀드리지만, 능력을 갖추는 일 못지않게 그렇다고 인식되는 일도 중요합니다. 사람 능력의 총량은 실제 그 사람이 가진 능력에, 남들이 그렇다고 인정하는 능력을 합한 값이기 때문입니다.

 **깨달음으로 이끄는 질문** **회사에 들어왔는데, 임원은 해보고 퇴직해야 하지 않 나요?**

직장인을 대상으로 '임원승진'과 '정년퇴직' 중 선호하는 것을 고르는 온라인 투표에 달렸던 댓글 중 하나입니다. 후에 이 댓글을 쓰신 분과 알게 됐는데, 자신감이 넘치고, 촉망받는 팀장이었습니다. 제 글을 보신 후엔 다소 냉소적으로 말씀하셨죠. "임원은 한 번 노려볼 만하지 않나요?" 아마도 '임원을 목표로 삼는 게 잘못'이라고 이해하셨나 봅니다.

얼마 전 그분의 새로운 소식이 들려왔습니다. 갑작스레 원치 않던 인사로 사내에서 퇴직자 비율이 높은 부서로 발령이 났다는 것이었습니다. 회사를 떠날 생각까지 하고 있다고 했습니다. 임원 승진을 목표로 삼는 것 자체가 문제는 아닙니다. 다만, 임원 승진을 위해 노력하는 대다수의 사람이 '회사=나'라는 등식에 갇힌 모습을 여러 번 봤습니다. 이런 생각이 자기 발전의 장애물로 작용하곤 합니다. 회사에서 임원 승진은 여러 이정표 중 하나로 인식하는 것이 긴 인생을 살아가는 자세라고 생각합니다.

CHAPTER 6

회사에서 '존'경받으며
'버'티는 방법

A 선배는 전설적인 '존버'신화로 대학 선후배들 사이에서 회자하는 형입니다. 회사로부터 어마무시한 퇴직 압박을 받았지만, 꿋꿋이 버텼죠.

선배는 B 사에 입사해 한동안 잘나갔습니다. 지금은 글로벌 대표 기업이된 곳이죠. 유명해지기 전에 입사해 회사와 함께 성장하며 팀장까지 달았습니다. 그 후 실적이 부진했던 탓에 직속 상사 눈 밖에 나게 되었죠.

2008년 금융위기가 터지자, 수요 사이클을 심하게 타는 산업군에 속한 B 사는 어려움을 겪게 됐습니다. 회사는 희망 퇴직자를 받기 시작했습니다. 신청자가 예상에 못 미치자, 대상자들을 상대로 집중 면담이 진행됐습니다. A 형은 여덟 번이나 불려 갔다고 합니다. 말이 면담이지, 희망퇴직 강요와 다름없었습니다. '명예퇴직금을 올려 달라고 협상하는 거냐'는 비아

냥도 들었습니다. 하지만 버텼습니다.

그러다 신설 부서로 발령이 났습니다. 직무혁신팀. 사무실이라기엔 책상과 전화기가 전부인, 창고 같은 곳이었습니다. 팀원은 열세 명. 모두 희망퇴직을 거부했던 사람들이었습니다. 매일 하는 일이라곤 왜 배우는지 모를 기본직무교육, 근태 보고(출퇴근, 점심시간, 화장실 가는 시간 등), 독후감 제출 등이 전부였습니다. 그 와중에 면담은 다시 시작됐고, 모멸감을 주는 수준까지 강도는 더 세졌습니다. A 형은 자신이 인생의 낙오자, 실패자인가 싶을 지경이었다고 합니다.

사전에 통보된 '직무혁신팀' 존속기간 5개월이 끝나기도 전에 팀엔 A 형한 사람만 남았습니다. 이만하면 됐다 싶었는지 회사는 A 형을 새로운 팀에 배속시켰습니다. 팀원으로 강등시켜서요. 이후 경기가 회복되고, 각고의 노력 끝에 몇 년 뒤 다시 팀장이 되었습니다.

A 형을 떠올리니 재작년 송년회 때 술잔을 채워주며 해준 형의 이야기가 지금도 또렷이 생각납니다.

"내가 학교 다닐 때 연극부 무대장치 담당이었잖아. 30년 전이니까 시설이 조악하고, 무대가 작아서 조명을 천장에 전부 다 달 수가 없었어. 그래서 주인공 비치는 조명 하나는 내가 직접 조작했지. 한참 공연이 진행되면서 클라이맥스로 넘어가고 있을 때였어. 극적인 장면에서 주인공을 비춰야 하는데, 전구 소켓 쪽이 달랑거리더라고. 그냥 뭐 발로 손을 뻗어 잡고 있었어. 소켓이 뜨겁더라. 근데 그 장면 망치면 안 되니까... 참았지. 그때 상처가 손바닥에 희미하게 지금도 남아 있어. 휴우... 어쩌겠니? 내가 혼자 벌잖아. 회사에서 나오면 우리 집은 끝장이야. 뜨거운 소켓을 잡을 때처럼 버틴 거야. 그러니 너도 버티고 있어."

버티고만 있어야 할까?

'존버'는 비속어인 '존나게'와 '버티기'의 합성어인데, 지금은 일상화되어 카톡방이나 모임 앱에서 누구나 쓰는 인사말이 되어 버렸습니다. 선배 A형 이야기는 극단적인 상황이라 볼 수 있지만, '존버'란 이슈는 대한민국 직장인이라면 겪고 있거나 겪게 될 생활의 모습이 아닌가 싶습니다. 최근 조사에 따르면 직장인 10명 중 7명은 '존버' 중이라고 합니다.

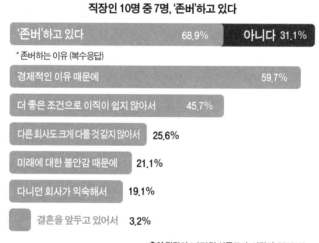

직장인 10명 중 7명, '존버'하고 있다

'존버'하고 있다 68.9%	아니다 31.1%

*존버하는 이유 (복수응답)

경제적인 이유 때문에	59.7%
더 좋은 조건으로 이직이 쉽지 않아서	45.7%
다른 회사도 크게 다를 것 같지 않아서	25.6%
미래에 대한 불안감 때문에	21.1%
다니던 회사가 익숙해서	19.1%
결혼을 앞두고 있어서	3.2%

출처 직장인 1,272명 설문조사, 사람인, 2019.10

요즘 경기 침체 탓에 분위기가 어둡습니다. 생각해보니 최근 대학과 대학원, 예전 회사 OB들과 단톡방에서 아예 답이 없는 사람이 하나둘씩 생기고 있습니다. 그렇다고 누가 나서서 묻기가 어려운 분위기입니다. 남 걱정을 해주기엔 내 자리도 흔들거립니다. 이런 식으로 버티고만 있어야 할까요?

예전 직장에서 동기였던 친구 소식을 듣게 된 건 최근이었습니다. 만년 팀장. 팀장 된 지 10년이었습니다. 물론 작은 규모에서 회사가 시작하긴 했습니다만 오래 버텼다고 생각했습니다. 회사 실적은 꾸준했기에 나가야 하는 입장은 아니었지만, 안정된 구조라 임원 교체가 잦지 않았고, 있더라도 대표 측근들이 외부에서 오는 터라 더 이상 승진을 기대하기는 어려웠습니다. 그러다 3년 전에 '이사'라는, 직제에도 없는 명함을 파줬다고 합니다. 하지만 아무런 혜택도 없는 그냥 이름일 뿐이었죠. 그러다 선언을 했다고 합니다.

"이젠, 이사(팀장)를 그만두고, '평사원'으로 기술연구에만 매진하고 싶습니다."

사내에선 다소 충격이었지만, 인사 적체 때문에 고민이 많던 경영진들에겐 하나의 해소책처럼 다가왔고, '직책 수당'과 법인카드만 회수하는 조건으로 수용되어 연구소 평사원이 되었습니다. 본인은 만족하며 지낸다고 합니다.

존버의 '존'을 '존경받으며'로 바꾸려면?

동기의 얘기를 듣다 보니 '존버'에서 '존'은 '존경받으며'라고 치환할 수도 있지 않을까 생각해봤습니다. 지금은 팀장 자리에 올랐지만, 사내 정치 이유든, 실적 때문이든 좀 더 버텨야 하는 사람들을 위한 전략입니다. 다만, 존경을 받기 위해서면 현재 자리에 안주하는 모습은 지양해야 합니다. 수

동적인 자세보다 '능동적'인 버티기 전략으로 이해해주시면 되겠습니다.

1. 새로움에 대한 거부감을 줄인다

버티기로 마음먹으면 움직이기를 꺼리게 됩니다. 당장은 안전하다 느끼지만, 지속될지 불안합니다. 오히려 기회가 될 만한 부서나 분야로 옮겨볼 만합니다. 또한, 기존 부서 내에서도 새로움을 추구하는 방법도 있습니다. 특히 과거 본인이 잘한다고 인정받던 업무수행 방식을 재고해보면 좋습니다. 보다 효과 높은 기법은 없는지, 젊은 팀원들의 신박한 아이디어는 없는지 살펴보면서 업데이트하는 자세가 필요합니다.

2. '나'를 내려놓고, '역할'에 집중한다

팀장의 경우 자신보다 어린 임원을 모실 경우가 있습니다. 이럴 경우에 남모를 속앓이하는 사람들이 많습니다. 그들은 상사를 상사로 보지 않고, '나보다 어린 사람'으로 생각합니다. 이는 '나 = 연장자 또는 우월한 사람'이라고 자만심에서 출발하는 생각입니다. 이런 고정관념에서 벗어나 객관적인 관계와 맡은 역할에 집중하는 것이 바뀐 상황에 능동적으로 적응하는데 도움이 됩니다.

3. 입은 닫고 지갑을 열어라

최근 여러 대기업 임원 인사에서 70년대생 임원 인사 소식이 들려옵니다. 임원은 소小사장이 된다는 것을 의미합니다. 권력이 생기지만, 그만큼 현장에선 멀어지게 됩니다. 어쩌면 팀장 자리가 현장과 직접 호흡할 마지

막 기회일지 모릅니다. 앞으로 계속 들어올 MZ세대와 함께 잘 지내는 문제는 본인의 성공적인 커리어를 보장해줄 중요 요소라고 생각합니다. 그들과 잘 지내는 방법은 아주 간단합니다. 말은 덜 하고, 법인카드 말고 본인 돈을 종종 쓰는 겁니다. 그렇게 하고 있다는 것을 알릴 필요도 있습니다. 그러면 그들의 진솔한 말을 듣고 공감할 기회가 생길 겁니다.

4. 우리는 회사에서 만난 관계임을 잊지 않는다

회사 내 직원 간의 '친분'에 대한 오해가 있습니다. 잡담을 즐기며, 술을 자주 하는 관계를 친하다고 생각하는 것입니다. 프로젝트팀에 새로 들어온 나이 든 차장, 출장 가면 본인 돈을 들여 요리하고, 술도 산다고 제안하는 데 젊은 팀원들의 호응이 없다고 불평이 많았습니다. 나이 어린 팀원과 차장 얘기를 했더니, "아니, 술 먹고, 밥 먹고 할 만큼 친해져야 같이 하는 거죠."

사실 업무상에서 문제가 있었습니다. 프로젝트를 하다 보면, 사전에 정확한 R&R(역할과 책임)을 정한다고 해도 누가 할지 모를 회색지대가 만들어지고, 누구도 하고 싶지 않아 하기 마련입니다. 이런 일을 철저히 외면하며, 본인 일 외에는 전혀 관심을 두지 않았던 차장.

회사는 동호회가 아니라는 점을 강조하고 싶습니다. 우리는 서로 '일'을 매개로 만난 관계입니다. 따라서 직원 간의 기본 관계는 일로 형성되지요. 같은 팀원들이라면 팀워크가 필요할 것입니다. 팀워크가 없는 상태인데, 개인적인 친분을 맺기가 쉽지 않았던 것입니다. 차장의 접근법은 앞뒤가 바뀐 것입니다.

5. 배우고 실천하며 실력 쌓기를 포기하지 말라

새로운 기술을 습득하려 하지 않는 사람들이 있습니다. 대단하게 복잡한 기술이 아니고, 이미 대부분의 직원이 쓰는 프로그램인데, 혼자만 못한다고 합니다. 그걸 창피하게 생각하지도 않습니다. 이런 사람은 대부분 자신이 가진 지식과 노하우를 공유하려 하지 않습니다. 괜찮은 강의나 연수 과정이 있다면 본인 돈을 들여서라도 참여해봅니다. 사내에 없다면, 사외 학습 모임에 가입합니다. 어느 정도 지식이 쌓이면 자진해서 사내 발표나 강의를 하겠다고 공지를 합니다. '전문가가 되고 싶다면, 강사가 돼라.' 저는 그렇게 믿고 있습니다.

6. 쓴소리해줄 사람을 만나라

조직에서 직급이 올라가고 나이가 들면 점점 본인에게 피드백해주는 사람이 적어지게 됩니다. 어쩌면 듣기 좋은 아첨만 해대는 팀원들만 주위에 넘쳐날지 모릅니다. 정기적으로 본인의 잘못에 대해 비판을 해주거나 조언 해줄 사람을 찾아보시기 바랍니다. 조직 내에 없다면 학교 선후배, 동종업계 사람, 사적 모임 멤버 등이 대상이 될 수 있습니다.

원로 탤런트 최불암 씨는 2014년 이후 연기를 안 하는 이유를 이렇게 밝힌 적이 있습니다. "연출도 작가도 내게 지적을 해야 하는데 다들 어려워하는 거다. 스스로 발전이 없다고 느껴졌다."(SBS '집사부일체', 2018. 2. 4) 지금 바로 내가 최근에 주위 사람들로부터 언제 제대로 된 피드백을 받았는지부터 생각해 보시기 바랍니다.

존경과 버티기의 양립

어제까지의 내 명성과 업적은 현재의 걸림돌이 되기도 합니다. 노련한 업무처리 능력과 경륜은 구태의연한 구시대적 방식이 되고, 회사에서 느끼는, 익숙하고 편안한 분위기는 변화된 환경을 두려워하는 원인이 될 수도 있습니다. 과거에 안주하기에 지금의 변화 속도가 너무 빠르고, 폭이 깊습니다.

아무쪼록 팀장님의 존버가 선제적이고, 주도적으로 작용해서 회사 생활이 '존경받으며', '버티는' 시간이 되길 기원해봅니다.

 **깨달음으로 이끄는 질문** **팀장에게 바람직한 학습법은 무엇일까요?**

학습의 수단을 생각해보면 독서와 수강을 떠오릅니다. 중년의 팀장에게도 크게 다르지는 않을 겁니다. 다만, 팀장의 학습은 그 후가 더 중요합니다. 일반적으로 학습을 지식의 습득이라고 생각합니다. 직급이 낮은 팀원들은 여러 직무 지식을 쌓을 필요가 있겠죠. 하지만 팀장은 그 지식을 바탕으로 해결책을 만들어야 하는 자리입니다. 따라서 팀장의 학습은 달라야 합니다.

가령, 외부에서 교육을 듣는다고 가정해보죠. 대략의 학습 목차를 보고 현재의 이슈나 문제점을 사전에 정리해봅니다. 수강 시에는 적극적으로 강사를 활용할 필요가 있고요. 수강 후에는 해당 사항을 요약해서 아이디어 수준으로 팀원들과 토의해봅니다. 이런 과정을 거치면서 우리 회사에 맞게 '재구성'하는 것이 팀장이 놓치지 말아야 할 중요 포인트입니다. 현실에 맞게 맞춤형으로 만든다는 것이죠. 많은 경우 학습한 내용을 도식적으로 적용해서 또 다른 문제가 발생하곤 합니다. 이를 사내 회람이나 내부 토론을 통해 더 풍성하게 만드는 것도 방법입니다.

CHAPTER 7

명함을 꺼내
회사를 지워보세요

컨설팅 프로젝트가 막바지에 다다르던 20XX년 봄, 산출물 작업에 여념이 없었습니다. 수백 페이지에 이르는 산출물 한 권을 만들기 위해 반년 넘는 시간을 쏟아붓고 있었죠. 거의 매일 야근을 했던 우리 팀은 최종보고회 전날 모두 날을 꼬박 새웠습니다. 자정이 넘어서면서 최종 리뷰를 시작했습니다. 회의실에서 한 장 한 장 넘기며 보는데, 자꾸 화면이 희미하고 겹쳐 보였습니다. 피곤해서 그럴 거라 넘기고 말았죠.

다행히 다음 날 보고회를 무사히 마쳤습니다. 고객사를 나와 이른 오후에 회식 자리로 이동했습니다. 다들 지친 기색이 역력했지만, 프로젝트를 무사히 완료했다는 안도감이 어른거렸습니다. 술잔이 몇 순배 돌았고, 거나하게 흥이 올랐습니다. 야근과 밤샘을 밥 먹듯이 했으니 실상 쓰러지기

직전이었다고 하는 게 맞을 겁니다만. 회식은 일찍 끝났고, 다음 날은 쉬어도 좋다는 이사님의 지시가 있었습니다. 술집을 나와 집으로 향하던 길에 와이프 전화가 왔습니다.

"여보, 또 늦는 거예요?"
"아니요, 지금 끝나고 가고 있어요."
"오면 할 얘기가 있어요. 아주 많이요."
"뭔 데요?"
"그동안 당신 바쁜 것 같아서 말을 못 했는데, 우리 이제 곧 전세 계약 만료잖아요. 집을 어떡할지 생각해야 하고, ○○이가 내년에 학교 가는데, 어느 학교가 좋을지 같이 얘기해봐야 해요. 그러려면 우리 통장 잔고를 살펴봐야 하고..."

와이프 얘기는 장황하게 이어졌지만, 귀에 잘 들어오질 않았습니다. 어서 집에 가서 눕고 싶단 생각밖에 없었습니다.

"알았어요. 자세한 건 집에 가서 해요."

그러곤 버스를 타고 아파트 단지 입구에 도착했습니다. 우리 집이 있던 아파트 동 현관에서 비밀번호를 눌러야 하는데, 도통 생각이 나질 않는 것이었습니다. 이렇게 저렇게 눌러봐도 아니라는 겁니다.

'어… 매일 눌렀던 번호가 생각나질 않네.'

결국 우리 집을 호출해서 들어갔습니다. 걱정스럽게 저를 쳐다보던 와이프 앞에서 이런 생각이 들었습니다.

'남을 위한 계획은 수백 장 만들었으면서, 나와 가족들을 위한 계획 한 장 없이 죽을 수도 있겠어.'

긴 인생, 짧은 회사생활

사실, 오늘날 직장인만큼 열심히 살았던 세대도 없었습니다. IMF 이전, 산업화 세대에게는 '자기계발'이 필요 없었지요. 대부분 사람이 웬만한 직장을 잡을 수 있었고, 모두 임원이 될 순 없었지만, 승진 못 한다고 쫓겨나는 일은 드물었습니다. 그래서 '만년萬年 부장', '만년 과장'이란 단어가 있었습니다.

대략 55살 즈음에 퇴직해서 10여 년 살다 생을 마감하는 게 일반적이었습니다. (1980년 한국인 평균수명은 65.9세) 당시 이자율이 15% 이상이었기 때문에 퇴직금으로 기본적 수준의 여생은 보낼 수 있었지요. 생각해보니 지금이 경제적으로 더 풍요하긴 해도, 인생 전반에 걸친 불안감은 그때가 덜하지 않았나 싶습니다. 이는 점점 늘어가는 수명과 관련이 있습니다. 2019년 현재 한국인의 기대수명은 83.3세(남자 80.3년, 여자 86.3년)입니다.

팀장이 보통 30대 후반~40대 중후반인 점을 고려해 평균 나이를 42세로 잡는다면, 정년까지는 18년, 기대수명까지는 40년이 남았다는 계산이 나옵

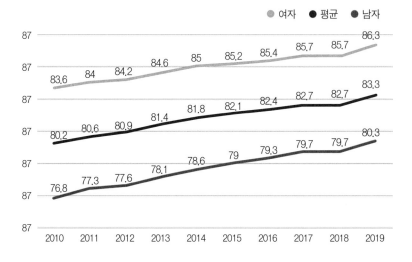

평균 83.3세 (2019 생명표, 통계청)

● 여자 ● 평균 ● 남자

	2010	2011	2012	2013	2014	2015	2016	2017	2018	2019
여자	83.6	84	84.2	84.6	85	85.2	85.4	85.7	85.7	86.3
평균	80.2	80.6	80.9	81.4	81.8	82.1	82.4	82.7	82.7	83.3
남자	76.8	77.3	77.6	78.1	78.6	79	79.3	79.7	79.7	80.3

니다. 한 가지 더 참고할 만한 직장인 나이 통계는 '주된 직장에서 퇴직하는 나이'입니다. '가장 오래 근무한 직장에서 퇴직하는 연령'이라 할 수 있는데, 2017년 기준 49.1세라고 합니다. (출처: '60세 이상 정년 의무화의 입법 영향 분석', 국회입법조사처, 2019.11) 퇴직 후에 이직하는 경우가 있겠지만, 예전 직장 이상의 조건으로 옮기기는 쉽지 않아 보입니다. 결국 50세가 되기 전에 직장인으로서 정점을 찍게 된다는 것입니다. 아직 살날이 30년 넘게 남았는데 말입니다.

지금 연봉만큼 벌려면 치킨은 몇 마리 팔아야 하나

'사표 내고 치킨집이나 할까.' 한동안 직장인들 술자리에 안주처럼 등장하던 얘기였죠. 특히 2~3년 전엔 '퇴사' 열풍이 불었었고요. 직장을 나가서 자영업에 뛰어드는 건 '숫자'로 어떻게 이해해야 할지 살펴봤습니다.

개인마다 금전에 대한 기대치가 다르겠지만, 기존 직장의 급여 수준을 유지하려면 얼마나 벌어야 할지를 마지노선으로 잡고 얘기해보겠습니다.

연봉 5천만 원 직장인이 퇴직한다고 가정해보죠. 자영업을 시작해서 현재 연봉 이상을 벌고 싶은 사람입니다. 우선 현재 직장에서 '진짜로 얼마를 버는지' 살펴보겠습니다.

- 연봉 5천만 원이면, 월급은 4,166,667원

- 국민연금 4.5%, 건강보험료 3.33%, 장기요양보험료 건보X10.25%, 고용보험료 0.8%, 소득세, 지방소득세를 근로자 부담 (629,570원)

회사가 부담하는 부분을 고려해야 합니다. 근로자가 부담하는 4대 보험료(374,020원)를 부담합니다. 고로 이 부분까지 번다고 봐야 합니다. 즉, 연봉 5천 만원에 4,488,240원(374,020 X 12개월)을 더합니다.

아울러 사무실, 책상, PC 등의 근무환경을 받으며, 단체 보험, 상품권, 콘도 할인권 등의 금전적인 혜택도 고려해야 합니다. 따라서 본인 연봉에 적어도 25%는 더해야 진짜 얼마나 버는지가 계산됩니다.

- {연봉 5천 만원 + 4대 보험료 회사 부담분(4,488,240원)}X1.25(복지비용 25%) = 68,110,300원

- 실질 월급 = 68,110,300원 / 12개월 = 5,675,858원

이처럼 연봉 5천만 원이 그냥 액면 그대로 5천만 원이 아니라는 점을 생

각해야 합니다. 세전 68,110,300원 이상을 벌어야 연봉 5천만 원 이상의 값을 하는 셈입니다. 여기에 출퇴근 교통비, 식사비 등을 빼면 영업이익이 구해집니다. 교통비는 월 10만 원, 식사비는 20만 원으로 가정하겠습니다. 그러면 월 영업이익은 5,375,858원이 됩니다.

국세청은 자영업 직종별로 경비율 기준을 갖고 있습니다. 임금근로자와는 달리 비용을 많이 쓰는 특성상 신고의 타당성을 판단하고, 매출 규모별로 다른 기준을 적용하기 위함입니다. 이 '경비율'을 '판관비'라고 생각한다면, 개념적으로 '영업이익률'을 추정해볼 수 있습니다. 아래는 2019년 단순경비율을 통해 이익률을 계산해본 상위 30개 업종입니다.

이 자료에 따르면, 치킨 전문점 영업이익률은 '13.9%'입니다. 연봉 5천만 원의 실질 월 영업이익 5,375,858원을 넘으려면 2만 원짜리 치킨을 몇 마리를 팔아야 할까요? 한 달 영업일을 26일로 가정하면 하루에 74마리입니다. 숫자만 들어봐도 쉽지 않을 것 같습니다. 그만큼 자영업 자체의 이익률은 높지 않습니다. (참고로 피자집은13.9%, 생맥주 전문점은 11.8%입니다) 직장 시절 연봉을 넘는 기대수익을 올리기가 만만치 않다는 것입니다. 또한 재직 시 받았던 퇴직금과 자영업 창업 시 투자 비용은 고려하지 않는 것이라 더욱 더 그렇습니다.

내 사업을 준비하는 자세

자영업의 실상에 대해 숫자로 살펴봤습니다. 그래도 내일은 진짜 '내 일'을 하고 싶은 마음을 많이들 가지고 계실 것입니다. 다만, 현실을 직시했으면 합니다. 직장 생활의 만족도는 낮아도, 회사라는 울타리는 생각보다 많

순위	중분류	세분류	적용범위 및 기준	경비율	이익율
1	부동산업	기타 부동산 임대업	농업용 토지 및 기타 부동산을 임대	14.6	85.4
2	금융업	그 외 기타 여신 금융업	금융회사 이외의 자가 영위하는 대금업	25.7	74.3
3	인적용역	배우, 탤런트 등	배우, 탤런트, 성우, MC, 코메디언, 개그맨	34.0	66.0
4	스포츠 및 오락	복권 발행 및 판매업	각종 복권을 발행하는 산업활동	35.4	64.6
5	스포츠 및 오락	기타 사행시설 관리 및 운영업	각종 도박시설 운영 및 베팅 시설 운영	35.4	64.6
6	부동산업	비주거용 건물 임대업	점포임대(공장건물임대포함)	36.9	63.1
7	인적용역	가수	가수	37.3	62.7
8	부동산업	주거용 건물 임대업	기준시가가 9억원을 초과하는 주택	37.4	62.6
9	금융업	그 외 기타 여신 금융업	전당포업	40.9	59.1
10	부동산업	비주거용 건물 임대업	사무, 상업 및 기타 비거주용 건물 임대	41.5	58.5
11	부동산업	비주거용 건물 임대업	광고용 건물 임대	42.3	57.7
12	부동산업	주거용 건물 임대업	주거용 건물 및 건물 일부를 임대	42.6	57.4
13	보건업	일반의원	성형외과전문의(일반의사경우외래환자)	42.7	57.3
14	부동산업	비주거용 건물 임대업	임차부동산의 전대 또는 전전대에 따른 수입	43.4	56.6
15	부동산업	주거용 건물 임대업	임차부동산의 전대 또는 전전대에 따른 수입	43.4	56.6
16	전문 서비스업	변호사업	민·형사 및 기타 사건의 소송, 변호 등 수행	44.6	55.4
17	음식점 및 주점업	일반 유흥 주점업	고급주류와 그에 따른 안주 및 접객원 제공	46.0	54.0
18	기타 서비스업	사업 및 무형 재산권 중개업	무형 재산권을 감정, 중개 및 알선	49.9	50.1
19	임대업;부동산 제외	무형 재산권 임대업	특허권, 상표권 사용권 부여	49.9	50.1
20	부동산업	비주거용 건물 임대업(자기땅)	공장재단의 대여로 인한 수입	50.1	49.9
21	부동산업	기타 부동산 임대업(자기땅)	광업재단의 대여로 인한 수입	50.1	49.9
22	인적용역	모델	탤런트, 배우 등의 광고모델수입 포함	50.8	49.2
23	전문 서비스업	기타 법무관련 서비스업(집행관)	집행관	51.5	48.5
24	기타 개인 서비스업	점술 및 유사 서비스업	점술 및 유사 서비스	51.5	48.5
25	보건업	유사 의료업	지압 치료 등의 유사 의료 행위를 수행	52.7	47.3
26	인적용역	성악가 등	성악가, 국악인, 무용가, 영화감독, 연출가	53.1	46.9
27	전문 서비스업	기타 법무관련 서비스업(공증인)	공증인	53.8	46.2
28	사회복지 서비스업	노인 양로 복지시설 운영업	노인을 입소시켜 숙식 및 편의를 제공	54.0	46.0
29	기타 개인 서비스업	개인 간병 및 유사 서비스업	산후 조리원, 간병인	54.0	46.0
30	보건업	유사 의료업	침구 치료 등의 유사 의료 행위를 수행	54.2	45.8
438	음식점 및 주점업	치킨 전문점	양념 치킨, 프라이드 치킨 등 치킨 전문점	86.1	13.9
439	음식점 및 주점업	피자, 햄버거, 샌드위치 등 음식업	피자, 햄버거, 샌드위치 등 조리 및 판매	86.1	13.9
440	음식점 및 주점업	김밥 및 기타 간이 음식업	아이스크림체인점	86.1	13.9
534	음식점 및 주점업	생맥주 전문점	접객시설에서 생맥주를 전문적으로 판매	88.2	11.8

은 것을 제공합니다. 또한 회사 밖은 매우 춥습니다. 퇴직연금, 보험료, 복지비 모두 본인의 몫입니다. 따라서 안팎의 상황을 고려하면서 세세하게 계획을 짜보는 자세가 필요합니다.

1. 잘하는 일을 먼저 생각합니다

흔히들 좋아하는 일을 하라는 조언을 많이 합니다. 좋아하는 일을 하다 보면 잘하게 된다는 것이죠. 실현 가능성을 떠나 시간이 비교적 넉넉한 청년에게나 가능한 말이 아닌가 생각합니다. 퇴직을 고려하고 있는 팀장에겐 뜬구름 같이 들립니다.

좋아하는 일보다 본인이 잘하는 일이 뭔지 우선 살펴봐야 합니다. 잘하는 일의 기준은 돈이 되느냐입니다. 지금 바로 회사에서 만들어준 명함을 꺼내 보십시오. 회사와 부서를 가려보세요. 본인 이름만으로 뭔가를 팔 수 있나요? 다시 말해, '회사에 속하지 않는 나'를 사 줄 사람이 있냐는 것입니다.

먹고 사는 건 잘하는 거로 합니다. 잘하는 게 없으면 남이 짜 놓은 판에서 움직일 수밖에 없습니다. 좋아하지만 돈이 되지 않는다면 그 일은 직업이 아니라 그저 취미일 뿐입니다.

2. 회사를 적극적으로 활용합니다

주위에 회사를 나가 자영업을 시작한 분들을 수십 명 봐온 결과, 공통점 하나를 발견할 수 있었습니다. 성공적으로 사업을 펼치고 있는 사람 대부분은 직장생활 중 업무와 연관성이 높은 업종으로 진출했다는 것입니다.

이는 판세를 알고 전장에 뛰어드는 장수와 같습니다. 장수는 훈련을 거듭하고 결과가 좋아 장수가 됐겠지요. 팀장도 마찬가지일 겁니다.

회사에서 쌓을 수 있는 자산은 상당히 많습니다. 업계에서 통용되는 경험, 지식, 그리고 인간관계. 이것들을 어떻게 활용하느냐에 따라 회사는 지겹고 따분한 공간에서 신나고 재미있는 공간이 될 수 있습니다. 온라인 교육업체 휴넷의 조영탁 대표는 직장인 시절 새벽 6:30에 출근하는 선배에게 자극을 받아 본인도 그렇게 해봤더니 회사생활 자체가 즐거웠다고 합니다. 회사는 돈 받으며 경영수업을 받는 공간이었다고 하네요. 여러분께서도 무엇을 얻어내고, 배워갈지를 곰곰이 생각해보시면 좋겠습니다.

3. 작은 시도라도 우선 해본다

처음부터 거창한 사업계획서를 만들 필요는 없습니다. 사실 성공한 벤처 중 상당수는 애초에 추진했던 사업에서 벗어난 사례가 많습니다. 카카오는 원래 소셜미디어를 지향하다 카카오톡으로 전환했고, 트위터의 경우는 인터넷 라디오 사업이 애초의 추진 방향이었습니다. 개인의 경우도 비슷한 경로를 밟으며 진화할 수 있다고 봅니다.

저 같은 경우 대리 시절에 우연히 유명 교육기관에서 강의할 기회를 얻었습니다. 회사 상사 자리 대타를 뛰게 된 것이죠. 긴장을 많이 했는데, 수강생들 반응이 나쁘지 않았습니다. 더욱이 강의할 때 기분이 짜릿하더군요. 강의를 준비할 때 공부하며 지식을 쌓는 것은 무척 자극되는 경험이었습니다. 제가 강의를 좋아하는지는 저 자신도 모르고 있었습니다. 이후 회사 생활을 하면서 종종 강의했었고, 이후 코칭과 컨설팅으로 이어지게 됐습니다.

'시도한다'는 것은 내가 잘하는 부분이 진정으로 '돈이 되는가를 검증'해 가는 과정이기도 합니다. 미래를 준비하는 시점에서는 두려움보다는 '묻지 말고 도전'이 필요하다고 봅니다.

팀장의 시간은 그리 길지 않습니다. 회사를 떠나 본인의 사업을 생각한 다면 최대한 빨리 준비에 들어가는 게 좋습니다. 앞서 설명한 여러 현실을 생각할 때, 본인의 현재 일과 연관성을 가진 아이템이 경쟁력이 있는지를 자문하는 것부터 시작하시길 추천합니다.

회사 입장에서 창업을 꿈꾸는 사람들을 적대시할 필요는 없다고 봅니다. 회사의 자산을 훔쳐 가는 것이 아니라 재직 기간 동안 열심히 일하다 사회에 좋은 영향을 끼치기 위해 나가는 것으로 이해한다면 말입니다. 그래서인지 회사 차원에서 전직프로그램Outplacement을 운용하는 곳들이 늘고 있습니다. 물이 한 곳에만 머물지 않듯이 사람도 그렇습니다. 그런 움직임을 통해서 직원, 회사 모두 활기차게 변모했으면 하는 바람입니다.

외부에서 일로 만나 인사할 때 우리는 이렇게 질문합니다. 그럼 대부분 어떤 회사에서 어떤 일을 한다고 대답을 하죠. "아, 그러시군요."하고 더는 묻지 않습니다. 그것만으로 내가 다 설명됐다고 하기엔 부족하지 않을까요?

회사에서 능력을 인정받는 것을 싫어할 직장인은 없을 겁니다. 다만, 인정이 계속되면 오로지 본인의 노력 덕분이라는 자만에 빠질 수 있습니다. 저는 개발도상국 사업을 경험하면서, 능력 있는 현지인이 '그 나라' 사람이란 이유만으로 제대로 대접받지 못한 것을 여러 번 봤습니다. '아, 내 능력의 일부는 우리나라 덕이겠구나' 싶었죠. 아울러 인정의 누적은 '독립력'의 저하를 가져옵니다.

평생직장이 없어진 요즘, 어느 직장을 다니는지는 점점 중요치 않게 되어 갑니다. 언젠가는 누구나 '평생직업'을 찾아야 할 때가 옵니다. 그때를 준비하는 자신에게 가장 먼저 해야 할 질문이 바로 이것입니다. "당신이 잘하는 것은 무엇입니까?"

CHAPTER 8

위로가 되는 영화 4선

굿 윌 헌팅Good will Hunting

명작 중 명작으로 꼽히는 영화입니다. 이제는 고인이 된 로빈 윌리엄스가 정신과 의사로, 맷 데이먼이 문제아로 나옵니다. 수학 천재입니다. 유년 시절 아버지에게 받은 학대로 인해 트라우마를 갖고 있습니다. 대인 관계를 깊이 맺어가는 것 자체를 외면하는 이상한 성격이 돼 버렸지요. 그래서 정신 상담을 받게 되는데요. 상담을 거부하면서 화를 내는 맷 데이먼에게 로빈 윌리엄스가 말합니다.

네 잘못이 아니야It's not your fault

반발하는 맷 데이먼에게 몇 번이고 말합니다. "네 잘못이 아니야." 세어 보니 '열 번'을 말하더군요.

👍 팀장에게 위로를

이 영화를 여러 번 봤습니다. 그 중 200X년 신규 사업을 추진할 때 봤던 순간이 가장 선명합니다. 시장에선 우리를 완전히 무시했습니다. 제 명함을 바닥에 던지면서 면박을 주는 사람이 있었고, 미팅 자체를 거부했던 사람도 있었습니다. 의욕이 떨어져서 '내가 왜 이런 대접을 받아 가면서 일을 해야 하나' 싶던 시절이었습니다. 영화를 보며 위의 장면쯤에서 저도 맷 데이먼처럼 훌쩍거렸던 것 같습니다.

다행히 제게는 로빈 윌리엄스처럼 응원해 주시던 회사 외부의 은인이 계셨습니다. 애초 어려웠던 사업을 실제 도와주셨던 분입니다. 본인의 신용을 통해 거래를 주선해 주셨습니다. 그리고 언제나 기운을 북돋는 말씀을 하셨죠. "김 대리, 이건 되는 사업이에요. 옳은 방향입니다. 단지 시간이 걸릴 뿐이에요." 저 자신도 확신이 부족하던 시절, 큰 힘이 돼 주셨습니다.

외부에서 본인에게 긍정 영향을 줄 수 있는 사람을 찾아보는 것을 추천합니다. 평소 자주 보던 사람들 말고, 일 년에 한두 번 보는, 느슨한 관계의 사람과 만남이 좋을 수 있습니다. 관계가 깊으면 생각할 게 많아져서 쉽게 조언하기 어렵습니다. 마음의 상처나 우울감이 심각하면 상담센터를 찾아보는 것도 좋은 방법입니다.

솔직하게 자신의 감정을 드러내려는 노력이 필요합니다. 창피한 얘기지만, 저는 종종 우는 기회(?)를 찾습니다. 슬픈 영화나 드라마를 보고 실컷 울어봅니다. 1997년 국민들의 애정을 받던 영국의 다이애나 황태자비가 교통사고로 유명을 달리하자, 영국에선 우울증 환자 수가 줄었다고 합니다. 유추해보면 슬픔을 애도하면서 평소 갖고 있던 우울감이 줄어서가 아닐까 분석이 됐다고 하네요. 특히 한국 남자들은 울어줄 필요가 있습니다.

가타카 Gattaca

우월한 우성인자만 결합해 우성 인간을 태어나게 하고, 이로써 사회적 계급이 나뉜다는 미래 이야기를 다룬 영화입니다. 주인공 이선 호크는 사전 계획 없이 태어난 열성 인간입니다. 질병으로 서른 살을 못 넘긴다는 저주 같은 예고를 받고 태어났지요. 이와 달리 동생 로런 딘은 완벽한 우성 인간입니다. 키도, 체격도 형보다 뛰어납니다. 둘은 어릴 적부터 바다에서 수영 내기를 했는데, 누군가 먼저 포기할 때까지 바다로 헤엄쳐 나가는 것입니다. 물론 당연히 동생이 매번 승리했지요.

이선 호크는 우주선을 타고 우주로 나갈 꿈을 꿉니다. 우성 인간에게만 허락된 것이라 다른 사람(주 드로)의 신분으로 위장을 하죠. 그러던 중 감독관에게 신분이 탄로나서 불가피하게 그를 살해합니다. 점점 수사망이 좁혀 들고, 수사관이었던 동생이 그를 찾아옵니다. 이선 호크는 자수하면서 다시 한번 수영 내기를 하자고 합니다. 평소와 같이 동생이 이길 것 같은 내기. 하지만 그날은 달랐습니다. 동생이 먼저 포기를 하죠.

"어떻게 이게 가능하지? 우린 해변에서 너무 멀리 왔어! 위험하다고!"

"알려줄까? 나는 돌아가는 힘을 남겨놓지 않아서 널 이기는 거야."

I never saved anything for the swim back.

팀장에게 위로를

회사 생활을 하다 보면 '우리 회사가 좀 더 큰 회사였다면' '임원이나 사장이 시간을 좀 더 줬더라면'하는 생각을 하게 됩니다. 넉넉한 여건에 있는 대기업 친구들(우성 인간)을 떠올려보며 한숨이 나오기도 합니다. 한정된 자원과 제한 있는 환경에서 방법을 찾아야 하는 게 일반적인 팀장(열성 인간)의 냉정한 현실입니다. 다만, 이러한 현실에 어떻게 반응할지 내가 선택할 수 있는 부분도 분명 있습니다.

우리는 '최선'을 말하지요. 하지만 혹시 그 최선의 제한을 두고 있지는 않은지, 치열한 고민이 이뤄졌는지 종종 자기반성이 필요할 때가 있습니다. 또한 진정으로 회사에서 성공하고 싶을 때, 모든 것을 바쳐서 최선을 다했던 그 순간의 기억을 간직하고, 나중에도 종종 상기하는 것이 매우 중요하다고 생각합니다.

저는 한동안 가타카 주인공이 말한 글귀를 인쇄해서 제 책상에 붙여 놓고 지낸 적이 있었습니다. 누구를 원망하기보다, 상황을 비난하기보다 나를 먼저 되돌아보기에, 남 탓하지 않고 새롭게 심기일전하곤 했습니다. 설사 결과가 만족스럽지 않아도 과정상에 저 자신의 마음가짐에 만족할 수 있게 되고, 어제보다 발전한 자신이 뿌듯했던 시절이었습니다.

인 디 에어 Up in the air

해고 대행 서비스회사의 베테랑 직원, 라이언(조지 클루니 분)은 미국 국내 출장을 연중 270일 이상 다닙니다. 그는 고객사를 대신해서 해고를 통보하고, 퇴직 후 지원 프로그램을 설명하는 역할을 담당하는데요. 퇴사자들로부터 욕을 먹고, 상해 위협도 받지만, 그는 사실 비행기 출장을 즐깁니다. 천 만 마일리지를 모아 항공사 플래티넘 카드를 얻는 것이 일생의 목표입니다. 그는 혼자만의 세상에서 살아갑니다. 남아있던 가족인 동생, 누나와 교류도 거의 없습니다.

이런 그에게 위기가 찾아옵니다. 신입 사원 나탈리가 혁신적인 온라인 퇴사 통보 시스템을 제안했기 때문입니다. 사장은 시간과 비용을 아껴줄 이 시스템에 호감을 느끼게 되고, 라이언은 더는 출장을 다닐 수 없게 됩니다. 그는 사장을 설득해 나탈리와 동행 출장을 떠나게 됩니다. '품위 있는' 해고 노하우를 전수하겠다면서요. 해고 통보를 하던 자리에서 분노를 드러내던 해고자에게 라이언이 한마디를 던집니다.

꿈을 포기한 대가로 받은 첫 월급이 얼마였죠?

How much did they first pay you to give up on your dreams?

알고 보니, 해고자는 대학에서 전공했던 프랑스 요리를 포기하고 지금의 직장에서 일했던 겁니다. 그는 퇴직은 끝이 아니라 꿈을 찾아 새롭게 시작하는 기회라고 말해 줍니다. 해고 통보란 고객사들이 하기 꺼려하는 일을 대신하는 것이라는, 건조한 나탈리의 생각에 변화를 가져오게 됩니다.

꿈에 대해서 많은 말을 합니다. 바쁘게 살다 보면 꿈을 잊고 사는 나를 발견하게 됩니다. 하루하루 살아내는 데에 집중하다 보니 내가 지금 어디에 서 있는지, 어디로 가는지 멍할 때가 있는 것이죠. 그럴 때는 반드시 애초에 어디로 향하기로 했었는지를 상기해야 합니다. 내가 처음 팀장이 됐을 때 '어떤 팀장이 되고자 했었는지', '무슨 목적을 가지고 있었는지' 등. 팀장을 위한 책, 조언, 기사들은 대부분 팀장이 무얼What 해야 하고, 어떻게 How 해야 할지에 대한 얘기들이 넘쳐납니다. 실무적으로 세부적으로 도움이 될 수 있습니다. 하지만 왜Why 팀장이 되었는지 잊었다면 그게 다 무슨 소용이 있을까요?

출장 중에 비행기 안에서 나탈리와 라이언은 '하는 일'과 '역할'의 차이에 대해 대화를 나눕니다. 반복적 실무에만 빠져 있는 팀장님들이 다시금 방향타를 잡는 데 도움이 되실 겁니다. 그뿐만 아니라 가족에 대한 생각, 일과 사랑에 대한 생각 등 주인공의 '성장 드라마'로서의 의미도 있는 영화입니다.

인턴The Intern

70세 은퇴자가 패션몰 IT 기업에 인턴으로 들어간다는 이야기입니다. 다소 황당한 스토리 아닌가 싶었는데, 영화관에서 나올 때는 잔잔한 감동과 자성의 기분이 충만했습니다. 영화 원제의 부제는 'Experience never get old'(경험은 늙지 않는다)입니다.

주인공 벤(로버트 드니로 분)의 인턴 생활은 쉽지 않습니다. 30대 CEO인

줄스(앤 헤서웨이)는 외부 홍보를 위해 시니어 인턴 제도를 도입했을 뿐, 애초부터 큰 관심이 없었기 때문이죠. 시간이 지나면서 벤의 성실과 충성심, 그리고 배려심에 다들 마음을 열게 됩니다. 수십 년 사회생활 노하우가 쌓인 벤이지만 줄스 곁을 지켜주면서도 주제넘게 나서는 법이 없습니다.

어느 날, 벤은 방을 구하는 데 어려움을 겪는 동료를 자기 집에 머물게 해줍니다. 깔끔히 정리된 옷장을 보던 동료가 묻습니다.

"잘 정리되어 좋아 보이는데요... 손수건은 왜 갖고 다니시는지 모르겠어요."

"손수건은 남에게 빌려주기 위해 준비하는 거야."

The best reason to carry a handkerchief is to lend it.

팀장에게 위로를

권위를 모두 내려놓고 진심으로 사장을 돕는 벤의 모습을 보며, '나도 은퇴할 정도로 나이가 들면 저렇게 살겠다'고 다짐을 했습니다. 그러다 문득, '팀장일 때 적용해볼 수는 없을까?' 생각이 들었지요.

우선 먼저 듣는 것부터 시작했습니다. 예전 같으면 팀원의 말을 자르고 내 말을 앞세웠겠지만, 참았습니다. 팀원들이 보는 앞에서 휴대폰을 아예 꺼버렸습니다. 그렇게 면담이 거듭되자, 팀원들이 말을 하기 시작했습니다. 그 말이 옳은지 그른지는 다음 문제였습니다. 그 판단을 하기 위해서라도 우선 말이 나와야 했으니까요.

벤이 말했던 '손수건'을 미리 준비했습니다. 팀원 개개인의 사정에 따라

휴식이 필요한 팀원에게는 휴가를, 학습을 원하던 팀원에게는 교육을 제공했습니다. 저와 문제가 있던 직원에게는 제가 잘못한 부분에 대해서는 사과하고, 상호이해가 부족했던 부분은 양해를 구했습니다. 팀장은 결국 여러 장의 손수건을 준비하는 사람입니다.

깨달음으로 이끄는 질문 ▶ **인간관계 스트레스가 많은데, 혼자 일만 하면 나아질까요?**

힘들고 어려울 때 주위 사람에게 기대고 싶은 것이 인지상정입니다. 회사 내에서도 마찬가지죠. 동료와 선배 또는 후배와 그런 관계를 갖는다면 최상의 그림일 겁니다. 하지만 우리는 '일'을 중심으로 모였기 때문에 어린 시절처럼 순수하게 교제를 하기가 어렵습니다. 또한, 이해관계로 인해 상처 받기도 쉽습니다. 그래서 관계를 포기합니다. 그냥 내 할 일만 하겠다고 선언합니다. 그렇게 하면 스트레스에서 벗어날 수 있을까요?

"사람은 완전한 외톨이로 살 수 없습니다" 저에게 조언해 주셨던 상담사께서 그러셨습니다. 원래부터 인간은 타인과 함께할 수밖에 없고, 그게 스트레스라고 해도 말입니다. 결국엔 번아웃에 빠질 거라고 했습니다. 제가 찾은 해답은 저 자신에게 먼저 좋은 사람이 되자는 것이었습니다. 틈틈이 '수고했다', '대견하다'고 말해주곤 한답니다. 건강한 내가 있어야 타인과 관계도 건강해지는 법이니까요.

모임이 어려운 요즘, 답답한 마음을 가진 팀장들의 회합을 가상으로 진행했습니다. 맥주 한 잔을 곁에 두고 같이 회식에 참여해보시면 어떨까요?

오늘은 회사 밖에서 알고 지내던 팀장 세 명이 회합하는 날입니다. 스터디 모임을 함께 하는 멤버들이지요. 대략적인 프로필은 다음과 같습니다.

- 신 팀장 : 대기업 A사 광고팀장, 경력 20년 차, 모임의 좌장 격
- 구 팀장 : 중견기업 B사 영업팀장, 경력 13년 차
- 장 팀장 : 벤처기업 E사 개발팀장, 경력 7년 차

전무님 때문에 너무 괴롭네요

신 : 구 팀장님이 힘들다고 하셔서 위로 차원에서 오늘 급하게 모이게 됐어요. 가능하신 분이 장 팀장님뿐이라 우리 셋이네요. 구 팀장님이 많이 어수선하신 것 같던데, 자세히 말씀해보시죠.

구 : 휴우~ 요즘 위쪽으로 정말 힘듭니다. 팀장 되고 나서 한동안 정신 없었거든요. 아니, 회사에서 팀장이 되기 전에 뭘 준비를 시켜준 것도 없고, 저 역시 별 생각 없이 하던 대로 하면 될 줄 알았는데 말이죠. 좌충우돌하면서 그 고비를 이제 겨우 넘었나 싶었는데, 새로 부임한 전무님이 너무 괴롭힙니다.

장 : 구 팀장님, 팀장 되셨을 때 어려웠던 얘기는 알고 있죠. 그때보다 더 힘드세요?"

구 : 아휴~ 그때는 양반이었다니까요. 아... 눈물 날려고 하네.

신 : 자자... 안주 나왔으니, 한잔하고 시작합시다.

다들 쓴 소주잔을 한 번에 털어 넣습니다. 빈 잔을 보며 구 팀장은 잠시 멍한 모습을 보였습니다.

구 : 전무님이 이제 임원 된 지, 6년이거든요. 상무 3년 하시고, 전무로 승진하셨는데, 아마 올해가 마지막일 거에요. 전무 되시고 나서 큰 성과가 없었거든요. 승진시켜 주신 사장님이 곧 다른 계열사로 옮기실 예정이라 끈 떨어진 가오리연 같은 신세가 눈앞에 훤합니다.

장 : 그럼 조금만 참으시면 될 것 같은데...

구 : 상황이 그렇게 간단하질 않아요. 전무님은 모든 인맥을 동원해서 잔류를 꾀하고 있거든요. 창업주이신 명예회장님하고 인연이 닿는다는 소문도 있어요. 그건 뭐 좋은데, 우리 팀을 아주 들들 볶아요. 올해 목표를 작년 대비 130%로 주셨어요. 아시겠지만, 산업 전체가 연평균 2~3% 성장하는데, 어떻게 우리만 10배를 신장시켜요. 지난주부터는 매일 오후 4시마다 일일매출 보시고, 미달성한 직원은 회사로 들어오게 해서 깨고 계세요. 팀원들도 엄청 힘들어하고 있고요. 전무님 생명 연장의 희생양이 되고 있습니다.

구 팀장은 한숨을 몰아쉬면서 소주잔을 비웠습니다.

대들었더니 '능력 없는 팀장' 취급

구 : 허허... 소주 맛이 쓰질 않네요. 여기까지는 뭐 매출에 죽고 사는 영업맨이니까 그럴 수 있다 쳐요. 팀원들 휴가 반려하시고, 교육도 취소시키시고 해서 제가 몇 번 대들었거든요. 팀원들이 견딜 수 없을 거라고 말씀드렸어요. 그랬더니 저를 아주 능력 없는 팀장 취급하시더라고요. 지난달에 진짜 일이 터졌어요. 금요일에 저녁까지 외근하고 바로 퇴근했는데, 팀원들을 모두 소집하셨더라고요. 저 모르게요. 그때 그러셨데요. '구 팀장은 무능력해서 팀을 이끌 자격이 없다. 이제는 내가 직접 지시할 테니, 내 말을 따르라'라고요. 휴우~ 참나...

장 : 아이고... 상심이 크셨겠어요.

구 : 자기 말 고분고분 안 따라 줘서 그랬을 거에요. 아무리 그래도 그렇게까지 할 필요가 있었을까요? 다행히 말씀대로는 안 하셨어요. 근데 팀원들은 저를 뭐라고 생각할까요? 면이 안 서는 팀장이 되고 말았습니다.

신 : 안타깝지만, 또라이는 위에 많이 있게 마련이에요. 남을 생각하지 않거든요. 그래서 추진력 있다는 평가를 받기도 해요. 그래, 최근에는 어때요?

구 : 이건 신 팀장님께도 말씀 안 드린 건데... 사실 사장님하고 면담했어요.

신 : 네? 문제가 더 심각해진 거에요?

구 팀장은 다시 소주잔을 비웁니다. 장 팀장은 안주를 권하네요.

사장님도 내 편이 아니었다

구 : 전무님하고 얘기가 안 통하니, 별수 있겠어요? 사장님은 저를 많이

아껴주셨기에 용기 내서 뵙자고 했죠. 그런데요, 사장님께서 회사

밖에서 보자더라고요. 잘 안 가던 식당에서 만났죠.

장 : 그럼, 문제가 잘 해결됐나요?

구 : 하하하... 제 잔부터 채워주세요.

장 팀장이 머쓱하게 잔을 채우고, 셋은 다시 건배합니다.

구 : 제가 너무 순진했더라고요. 사장님께선 제 말을 잘 들어주시긴 했는

데, 아무 피드백이 없었어요. 아무런 조치도 없고요. 이상하다 싶었

는데 이틀 전에 인사팀장이 지나가듯이 한마디 해줬어요. 사장님께

서 저에 대해 안 좋은 소릴 하셨다고요. 위아래 모르고 버릇없이 얘

길 한다나요.

신 : 이런 이런... 설마 했는데...

구 : 전무를 신임하시는 거죠. 아마 사장님이 오시고 나서 인력 감축할

때 총대 메고 추진했던 걸 고마워하시는 것 같아요. 저만 완전히 새

됐습니다.

한참 동안 셋은 말이 없었습니다.

신 : 아저씨, 여기 소주 두 병이랑 안주 더 주세요.

소주가 나오고 다시 잔이 채워졌습니다.

병목은 항상 위에 있다

신 : 제가 팀장이 되고 나서 그룹 연수원으로 팀장리더십 교육을 받으러
갔어요. 2박 3일 과정이었는데, 내용 좋고, 새롭게 동기가 생기더라
고요. 계열사 신임팀장 여럿하고 친해져서 회식하는 와중이었어요.
과정이 괜찮았다는 얘기가 많았죠. 그러다 누군가 한마디 했어요.

"이 과정은 우리 상무님부터 들어야 하는 거 아닌가요?"

신 : 다들 고개 끄덕거렸죠. 팀장만 리더십 교육받으면 뭐 하겠어요. 실
제로 임원들은 외부 교육을 잘 받지 않아요. 더는 배울 게 없는 것처
럼 말이에요. 그러다 보니 어제까지 쌓았던 경험과 지식이 오늘과
내일의 지시와 비전이 되어 버리더라고요.
리더십이 필요한 건 팀장뿐만이 아닌데, 왜 임원들은 리더십 교육을
안 받는지 모르겠어요. 리더십은 위아래 상하좌우로 늘 흘러야 하는
혈액 같다고 생각하는데 말이죠.

구 : 비슷한 사례가 있어요. 회사에서 늘 강조하는 것 중 하나가 '위에서
부터 아래까지 잘 정렬돼야 한다alignment'라는 거잖아요. 작년에 회사
가치체계를 1년여에 걸쳐서 수립했어요. 돈 많이 들이고, 행사와 워
크숍을 여러 번 하고. 나중에 설문조사를 해보니, 가치체계를 만드
는 과정에서 애사심이 높아졌다고 나오기도 했어요. 모양을 갖춘 회
사가 되어간다는 생각이 퍼지게 된 거죠. 가치 규범 중의 하나가 '청
렴성'이었는데 구매 담당 임원이 비리 혐의로 형사 고발되는 사건이

발생했어요.

장 : 아니, 요즘 같은 시대에 비리가 나올 수 있나요?

구 : 매입처에서 상납받았나 봐요. 근데, 회사에선 쉬쉬하고 넘어가기 바빴어요. 그 임원이 창업주하고 친척이었거든요. 저는 그 순간 지난 1년의 시간은 날아갔다고 봐요. 그냥 멋진 표구를 한 채 벽을 장식한 비싼 글자를 만든 거죠. 가치체계를 내재화한다며 팀원들 앞에서 열변을 토하던 제 모습이 정말 창피하게 느껴지더라고요.

신 : 듣고 보니, 구 팀장님은 애사심이 높은 것 같아요. 이런 분들이 정말 대접을 받아야 하는데 말이죠. 경험상 아쉬운 점은 경영진은 순수한 애사심보다 맹목적 충성심을 더 높이 쳐준다는 거예요. 그동안 제가 봐온 성공한 직장인 대부분이 그랬어요. 약간 무미건조한데, 윗선 의중대로 알아서 움직여주는 심심한 사람들.

구 : 아~ 그렇네요. 제가 너무 오바하면서 살았나 봅니다. 신 팀장님 말씀이 정말 맞는 것 같아요. 전무님 건 겪으면서 많이 깨달았습니다. 팀장이 되면 다른 세계가 열린 거라던 전임 팀장님 말씀도 생각났고요. 앞으론 좀 더 신중하면서 상황에 맞게 조율하면서 일해야겠습니다.

30대 팀장도 팀원들에겐 '꼰대'

한참을 듣고만 있던, 장 팀장이 조심스레 말문을 엽니다.

장 : 저는 벤처에서만 있어서 그런지 위쪽 하고는 별문제 없었어요. 사실 사장이 대학 선배고요, 창업을 두 번 같이 한터라 서로를 잘 알죠. 일

이 너무 많아서 다른 생각을 할 여력도 없었고요. 이번 회사는 투자를 시리즈 A까지 받게 돼, 새로운 사람들이 들어오면서부터 갈등이 시작됐어요.

신 : 구 팀장님만 위로하면 될 줄 알았는데, 장 팀장님까지... 얼른 말씀해 보세요.

장 : 그런 의미에서 다 같이 한잔하시죠.

구 팀장에게 쏠렸던 시선은 이제 장 팀장에게로 간다.

장 : 제가 올해 서른넷이니까 젊은 편인데, 팀원들은 저를 꼰대라고 해요. 벤처는 일이 좋고 사람이 좋아서 월급이 적어도 감수했었는데, 요즘 친구들은 그렇지 않더라고요.

구 : 월급은 그렇다 쳐도, 스톡옵션 같은 것도 있지 않나요?

장 : 저 때만 해도 월급이 높지 않았어요. 대신 지분을 갖고는 있죠. 요즘 친구들은 옵션을 믿질 않아요. 그래서 저보다 급여가 높은 팀원도 여럿 됩니다. 채용하려면 어쩔 수가 없었어요. 조금 서운해도 다 이해하는데, 얼마 전엔 떼로 몰려와서 '워라밸'이 가능한 회사가 됐으면 한다고 하더라고요.

신 : 음... 워라밸이라... 그거 두부 자르듯 되기 힘든 건데...

장 : 퇴근 시간만 지켜달라고 하는 거에요. 점심시간을 줄일 테니, 회의 시간도 줄이고, 행사도 줄여 달라고 하더라고요. '차라리 이럴 거면 프리랜서 쓰는 게 낫겠어요!'란 말이 목구멍까지 나오다 말았죠. 잠

깐 시간을 달라고 해뒀는데 사장님한테 뭐라고 말을 해야 할지 걱정입니다.

구 : 항상 밝기만 하시길래 그런 고민이 있는지 몰랐는데... 자, 한잔들 하시죠.

팀장 이후의 꿈

신 : 워라밸이 되는 삶에는 기본적으로 찬성해요. 개인의 삶을 중시하는 젊은 친구들의 생각도 일리가 없는 건 아니죠. 다만, 평생 일을 하는 시간의 전체 평균이 그러면 되는 것이고, 일을 배워야 할 때는 일에 더 매진해야 하지 않나 싶어요. 팀장님들도 아시겠지만, 일에 몰입할 때 실력도 향상되는 거잖아요. 이런 소리 하면 또 '꼰대' 소리 듣게 되나요? 허허허.

워라밸이 가능하려면 사업이 시장에서 독점력이 있거나, 이익이 많이 나서 여유가 있어야 해요. 그렇지 않다면 일하는 구조와 방식을 바꿔야 하는데, 이것 자체도 작은 일은 아니지요. 특히 벤처에서는 더 그럴 거에요.

얼마 전에 팀원 몇 명이 제게 불평을 하더라고요. 우리 팀 일도 아닌데 자꾸 내가 받아온대요. 왜 그러냐고 따지더라고요. 기가 차서... 내가 아무 원칙도 없이 넙죽넙죽 받아왔으면 모르지만, 분명 의미가 있는 일이고, 이걸 하면 우리 팀에 어떤 게 좋고... 등등을 얘기했었는데 말이죠.

그래도 반성했어요. 한 번 얘기해서 되는 일이 없구나. 이제부터라도 성심을 다해서 여러 번 말해야겠다고 다짐을 합니다. 무섭게 쏘아붙이면 한 번에 끝날 수도 있지만 기분 좋게 몇 번이고 말을 해야 하겠죠. 지금 시대에는요.

장 : 저는 일 자체가 좋아서 회사에 머무는 시간이 아깝지 않은데, 팀원들은 안 그런가 봐요. 개성을 존중해야 하는 시대란 것도 수긍은 하는데, 팀워크가 필요한 시점에 그런 반응이 나오면 힘이 빠지죠. 어쩌겠어요. 잘 다독이면서 가야죠, 뭐...

구 : 맞아요. 회사의 목표와 개인의 목표가 한 방향으로 일치돼서 나가는 경우가 그리 흔하진 않은 것 같아요. 그런 현실을 받아들이는 자세가 우선은 필요할 것 같네요. 예전 생각만 하면 남 탓만 하게 돼요.

신 : 아! '목표' 얘기가 나와서 말인데, 회사의 목표, 팀의 목표 말고, 우리 '개인의 목표'에 대해서 말해 보는 건 어때요? 혹시 구 팀장님은 팀장 이후에 어떤 목표가 있어요?

구 : 전무님 때문에 회의감이 들기도 했지만, 이 회사에서 뼈를 묻겠다는 생각에 변함없습니다. 임원 그리고 사장까지 해보는 게 목표죠. 장 팀장님은 팀장 다음 스텝을 뭐로 생각하고 있어요?

장 : 저는 이직을 생각하고 있어요. 관리자보다는 개발자로 커리어를 쌓고 싶네요. 조금 더 작은 벤처로 가면 그럴 수 있을 것 같아요.

신 : 두 팀장님 모두 주관이 있어서 참 좋네요. 저도 이제는 제 이름을 걸고 사업할 준비를 하고 있어요. 회사에서 하는 일도 좋지만, 가끔씩은 '신 팀장'이 아닌 '신○○', 내 이름으로 뭘 팔 수 있을까 생각해봐요. 각오를 새롭게 하고 있습니다.

구 : 우리 모두 다 진로를 다르게 생각하고 있었네요. 신 팀장님께서 제

    일 연장자이시니 저희 둘에게 해주실 조언 같은 건 없으신가요?

신 : 제가 뭐 대단한 사람이라고... 부족하지만 한 말씀 드린다면, 우리 셋

    모두 진로에 대한 꿈은 달라요. 승진, 이직, 창업... 하지만 필요조건

    중에 공통점은 있다고 봅니다. 그건 바로 '프로(전문가)'가 되는 것이

    죠. 그냥 프로가 아니라 팔리는 프로, 먹히는 프로, 인정되는 프로 말

    씀입니다. 그렇게 된다면 승진, 이직, 창업 모든 경우에서 잘 풀릴 거

    라 봅니다.

    그러기 위해서 팀장일 때 어떻게 행동했느냐가 중요하다고 생각합

    니다. 팀장은 작은 경영자라고 봐요. 내 팀을 경영하는 경영자. 이

    때 어떻게 일하고 리더십을 발휘하느냐는 몸이 기억합니다. 팀장 시

    절에 기본 틀을 다져 놓는 셈이죠.

    프로가 된다는 건 회사 입장에서도 나쁘지 않은 거에요. 직원들이

    다들 제 몫을 다하는 프로가 되기 위해 노력한다면 회사 전체 역량

    도 같이 향상될 겁니다.

장 : 신 팀장님 말씀이 정말 좋은 자극이 되네요. 오늘 모임에 오길 정말

    잘했어요.

구 : 괜한 고민거리 때문에 심려 드려 죄송해요. 그래도 오늘은 기분 좋

    게 집에 갈 수 있을 것 같네요.

신 : 자, 그런 의미에서 우리 건배 할까요? 팀장의 찬란한 꿈을 위하여!

모두 : 위하여!